すぐに使える！消防・防災講話のタネ

―訓練しなけりゃカラスも飛べない―

池田和生 著

東京法令出版

目次

第2章　火災予防

第3章 地震

第4章　災　害

第5章　事　故

講話の作り方

「昔々、あるところに……」と、子どもの頃、おばあちゃんから昔話を聞かせてもらった記憶はありませんか。

その聞かせてもらったお話のなかで「どのお話が一番好きでしたか」と問われたら、何と答えますか。

例えば「因幡の白兎」と、答えたとしましょう。

この場合、そもそも話し手であるおばあちゃん本人が、「因幡の白兎」が好きであることが多いのです。好きなものですから何度も話して聞かせるし、何度も話しているうちに、おもしろく臨場感たっぷりに話せるようになったのです。

例えば冒頭の部分では、島に住むうさぎが向こう岸に渡ろうと、サメをだまして「君たちの数を数えてあげるから向こう岸まで並んでごらん」と言って、一列に並んだサメの背中をピョンピョンと数を数えながら渡っていく様子をリズミカルに表現します。

次の、いよいよ向こう岸に着こうという場面では、「やーい、君たちはだまされた。僕はこちらへ渡りたかっただけなのさ」と、いかにもからかうような言い回しで。

だまされたと知って怒ったサメに、うさぎが皮を剥がれて（実際は毛を抜かれたのでしょうか。いくら何でも皮を剥がれては死んでしまいますよね。）苦しんでいるところへ、大国主命（おおくにぬしのみこと）の一行が通りかかる場面では、先に通りかかった大国主の兄たちが、うさぎに「海水を塗り付けて、風にさらせば治るよ」とうそを教えるのですが、そこは、さも意地悪そうに。

兄たちの荷物を背負わされているために遅れてやってきた大国主命が、苦しんでいるうさぎを見て「蒲（がま）の穂綿にくるまって、じっとしていなさい」と治療法を授けると、うさぎはじきに治って元の白いうさぎに戻るという最後の場面では、優しくいたわるようにという具合です。

おそらくおばあちゃんは、だました報いで皮を剥がれたうさぎであっても、苦しんでいる者には救いの手を差し伸べる大国主命の優しい気持ちを、この話の聞かせどころとしていたに違いないのです。

ですから、このお話の「どの部分が好きでしたか」と問われて「皮を剥がれて、赤裸にされたうさぎが、蒲の穂綿にくるまって治っていくところ」と答えるのは、正しくおばあちゃんの本意とするところなのです。

このように講話で最も大切なのは、「このことを分かってもらいたい」という思いなのです。この思いがなければ、いくらテクニックがあっても伝わりません。逆に強い思いがあれば、テクニックなどなくても必ず伝わるのです。

「恋愛の場合も同じです」と、言い切れるかどうかは分かりませんが…？

では、この本の第1章の最初の「タネ」である「カラスも訓練なしではうまく飛べない」をモデルに、講話の作り方について順を追って説明しましょう。

3　講話の作り方

1　テーマ（何を伝えたいのか）を決める

まずは、話のテーマを決めなくてはなりません。国語の授業でいうところの「作者は何を言いたいか」です。

テーマを決める作業で不可欠なのは「聞き手がどのような人たちなのか」で

す。

地域の自治会の方々なのか。建築業者又は設備業者の団体なのか。一般企業の従業員の方々なのか、あるいは企業でリスク管理に携わる幹部の方々なのか。

それぞれで求められている内容が違ってきます。聞き手に合ったテーマを選びましょう。

もう一つテーマを決める上で忘れてはならないポイントがあります。

それは、彼らが普段、消防・防災上、あるいはリスク管理上で、困っていることは何なのか、何を知りたがっているのかを把握しておくことです。それには常々彼らと接触して話を聞くしかありません。ここで初めて「聞き手のニーズに合ったテーマはこれだ」ということになるのです。「話し上手は聞き上手」という言葉がありますが、この言葉の真意はこの辺りにあるのではないかと思っています。

ともあれ、ここでは、モデルを「カラスも訓練なしではうまく飛べない」にしましたので、順番は逆になりますが、テーマは「訓練の大切さ」であり、対象は地域の自治会の方々か、企業の防火管理者又は従業員ということにします。

テーマである「訓練の大切さ」とは、かみ砕いて言えば「訓練を繰り返して体で覚えていないと、いざというときに迅速、的確な行動はできない」ということです。訓練の大切さは消防職員であれば誰でも身に染みていますよね。毎当番、着装訓練や機器の取扱い訓練を繰り返しているからこそ、出場ベルが鳴ってから1分以内で車に乗り込むことができるし、暗闇の中でも呼吸器や投光器の操作ができるのです。伝えたいのは、この「訓練の大切さ」であり、冒頭でお話ししたように、「訓練が大切であるとの思い」です。この「思い」さえあれば、話し方など多少下手でも伝わるのです。むしろ「朴とつとした語り口」の方が効果的な場合があるくらいです。

2　枕

ただ、いくら訓練が大切だとの思いが強くても、それだけを繰り返していたのでは聞いてもらえません。落語でいうところの「枕」が必要になります。

この話では「カラス」を持ってきました。これは知人から聞いた興味深いお話です。

ある日のこと、その知人が朝の散歩の途中、巣から落ちていたカラスのヒナを見つけて持って帰り、育てたのです。

ヒナはどんどん育って大きくなったのですが、一向に飛べるようになりません。

図書館で調べてみると、「カラスは小鳥などとは違い、訓練を繰り返してやっと、一人前に飛べるようになる」ということが分かりました。

「へーっ」ですよね。「生まれつき飛べるわけではないのか」です。自分が「へーっ、そうだったのか」と感じたことは、人に話しても、そう感じてもらえるはずです。私自身、この話を聞いて、強くそう感じました。

そこで「人間の場合は……？」と考えてみると、言葉を話すことも、箸でごはんを食べることも、服を着ることも、全て何年もかけてやっと身に付けていることに気付きます。「人間も訓練を繰り返さないと、言葉を話すこともできはしないのだ」ということです。

スポーツや楽器の演奏でも同じことですよね。そこで「カラスは訓練の話の

『枕』に使える」となるわけです。

この話では知人の経験を持ってきましたが、必ずしも経験談である必要はありません。カラスを飼った経験なんて、普通はありませんよね。第一カラスとはいえ、野鳥は許可がなくては飼えないのですから。

自分自身が経験したものに限らず「こんな火災がありました」と、話のテーマに結び付きそうな過去の火災事例なども使えると思います。

噺家はよく、「今、マスコミで話題になっていること」とか「最近の風潮」などを題材におもしろおかしく料理して、本題につなげていく手法を使いますが、それもよいお手本になります。

この話でいえば、いきなり「訓練の大切さ」を話すより「カラス」から入ることで聞く耳を持ってもらえるのです。

これが「枕」の効果です。

3　エピソード

次は講話の合間に挟むエピソードについてです。

「カラス……」の話でいえば「シムルエ島の奇跡」についての部分です。

いくら「訓練が大切ですよ」と力説しても、それだけでは説得力がありませんし、聞き手の興味も持続しません。

どんな話でもかまいませんが、身近な題材としては「テーマに関係のある火災事例」も格好のエピソードになります。

例えば、「カラス……」の話のように「訓練の大切さ」がテーマの場合に、「非常口である屋外階段を使って素早く避難できた例」なども使えます。

このようにです。

「昨年のことですが、ある火災現場で、燃えている建物から、いち早く屋外階段を使って避難してきた人がいました。内部の様子などについて情報収集させてもらった後で『通常は、玄関から避難しようとする人が多いのですが、よく屋外階段を使って避難できましたね』と聞くと、『昼休みに隣のコンビニに行く際、毎日屋外階段を使っているのです。玄関を経由するよりも近道なので』との答えでした。これもある意味、訓練の成果ですよね」という具合です。

エピソードのタネは、このような実例も含め、あちこちに落ちています。新聞やテレビのニュースやその解説、『月刊消防』のような消防関係誌の記事など、使えるものはその気になって集めればいくらでも集まります。大切なことは「アンテナを高くしておくこと」と、「使えそうなタネを見つけたら、すかさず記録してストックしておくこと」です。いくら「これは使えるな」と思える出会いがあっても、時間が経つと「あれ、何だったっけ?」となってしまうからです。

4　原稿を書く

話の骨格が出来上がったら、実際に話し言葉で原稿を書いてみましょう。原稿に書くことで、全体のバランスやメリハリの付け方、言葉遣い、枕やエピソードの良し悪しなど、いろいろなことが見えてきます。

話の長さも、原稿を書いてみると分かります。

アナウンサーがニュースを読む速さは、1分間に300字が基本だそうです。

本書に掲載しているタネは1話分で1000~1200字くらいですので、アナウンサーが読むのと同じ速さで話せば、3分から4分、自己紹介を含めると約5分ということになります。自分の持ち時間が決められている場合は、話の長さも大切な要素です。セレモニーの際の来賓の挨拶で長々といつまでも話されると、内容はともかく「長かった」という印象しか残りませんよね。気を付けましょう。

原稿が出来上がったら、声に出して読んでみてください。読んでみて、初めて気付く箇所もあるはずです。

最後に、できれば奥さんか、ごく親しい人に聞いてもらいましょう。ただし聞いてもらう相手は「忌憚のない意見」を言ってくれる人でなければいけませんよ。自分では気が付いていない「くせ」などを指摘してもらうのですから。

でも、だからといって、厳しい感想や意見をそのまま受け取る必要もありません。なぜなら意見を求められた人が比較の対象にするのは、よくテレビで見かけるコメンテーターやタレント、つまり話のプロの場合がほとんどですから。

「練習に付き合ってくれそうな人がいない」場合や「人に聞いてもらうなん

て、恥ずかしくて嫌だ」という方は、自分で録音するか、又は映像に撮って確認してみましょう。自分の話を、自分で聞いたり見たりするのは恥ずかしいのですが、その分、気付くことも多く参考になりますよ。

このような手順で原稿を作ってみましょう。

何度も繰り返すうちにどんどん上達します。

そのうちに「〇〇さんのあの話は心に染みますね」といわれるようになること請け合いです。おばあちゃんが聞かせてくれたお話が、子どもだったあなたの心に染みたように。

第1章
訓練

1 カラスも訓練なしではうまく飛べない

ポイント

- 一般に、高度な生き物ほど訓練が必要
- 訓練を積むと、災害時にすばやく対応できる

皆さん、「そもそもなんで訓練をしないといけないの？」と思ってはいませんか？

小鳥は巣立ちのときを迎えると巣からいきなり飛び立つことができます。そうでないとすぐさま敵に襲われてしまうからです。それに引き替え、小鳥より大きく強くて頭の良いカラスは、巣立ってもバタバタと飛び上がるだけで上手に飛べません。親が飛ぶのを見ながら訓練を重ねて、やっと自由に飛び回れるようになるのです。一般に高度な生き物ほど訓練が必要だといわれています。

とりわけ人間は、生まれたままでは全く何もできません。日常生活の全てが訓練によってできるようになるのです。言葉を話すことも、服を着ることも、食べることや排泄さえも。それも繰り返し、繰り返し何年もかかってやっと。

その半面、訓練により体で覚えたものは頭で覚えた知識に比べて、一旦身に付くと簡単には忘れないという特徴があります。泳げる人は10年間泳がなくてもちゃんと泳げます。自転車に乗れる人は10年間乗ったことがなくても乗れるのです。そのように体で覚えたものが、いざというときに役に立つのです。

過去に起きた大きな災害や事故における生死の分かれ目を検証すると、助かった人の多くは、何らかの経験を積んでいます。似たような事故に遭遇し

たことがあったり、頻繁に使っていたため、非常階段の位置を正確に把握していたり、たまたま救命ボートの取り扱い方を知っていたりとか……。でもそのような経験は誰にでもあるわけではありません。そこで役に立つのが訓練なのです。どんなに簡単な訓練でもよいのです。もちろん実践的な訓練を繰り返し行うに越したことはありませんが、消火器をただ持ち上げるだけでも意味があります。消火器の設置場所、重さを体で覚えるからです。地震の揺れをイメージするだけでも、イメージしないより生き残る確率は上がるのです。

２００４年にインドネシアをはじめとする東南アジアを襲った津波では、約20万人が命を奪われました。ところが震源に近いシムルエ島のランギという町では住民が地面の揺れを感じてからわずか8分後に高台に避難し、約８００人の人口の１００％が生き残ったのです。島全体でも約7万8千人の島民のうち亡くなったのは、自分の所有物を持ち出すのに手間取っていた7人だけでした。「シムルエ島の奇跡」といわれています。

さて、なぜこのような奇跡が起きたのでしょうか。彼らは過去の津波の恐怖を何代にもわたって伝え、ちょっとした地震でも何も持たずに避難するように習慣付けられていたのです。たとえ避難が空振りに終わったとしても、彼らはそれを時間の無駄だとは決して思わなかったということです。たとえ無駄であっても繰り返し避難することで、実際の緊急時に奇跡を起こすことができたのです。

訓練を積むことのもう一つの効果は、「もし災害が起きても何とかなるかもしれない」と、災害に立ち向かう自信が付き、必要以上に恐れたりあきらめたりしないで済むということにあります。スポーツで、これまで歯が立たなかった強い相手との試合でも、しっかり練習を積んでいると「今度は勝てるかもしれない」って思えることがありますよね。実はこれこそが訓練の最も大きな効果といえるのかもしれません。

「訓練」というと堅苦しいイメージがありますが、何もできない赤ちゃんだった人間が訓練によって大人になるように、皆さんも訓練の繰り返しによって「まさかのときの対応」を体に覚えこませて、是非「緊急時の生き残り」を確かなものにしてください。訓練は決して裏切りません。

参考文献：アマンダ・リプリー『生き残る判断　生き残れない行動』光文社

話のコツ

いきなり訓練に入ってはいけない

訓練参加者は、訓練に関心があって集まっている人ばかりではありません。職場や町会で集められていやいや参加している人もいます。その消極的な姿勢のまま訓練に入ると、その雰囲気がそのまま伝わってしまい、効果的な訓練などとてもできません。そこで何か参加者の関心を引く工夫が必要になります。
例えば秋の季節なら、訓練の開始前、

「皆さんこんにちは、○○消防署の△△です」

「◇◇神社の秋祭りには行かれましたか？　お祭りといえば金魚すくい。ところで皆さんは金魚鉢が火災の原因になることがあるって、御存じでしたか？　特に太陽が低くなるこれからの季節に多いんですよ」

などと話をしてみるのはいかがでしょうか？

丸い金魚鉢やペットボトルが太陽光を収れんして火災を引き起こすことは、消防職員にとっては常識ですが、一般的にはまだまだあまり知られていません。「へえーっ」「ふーん」というような事例の紹介で参加者の関心はあなたに向きますよ。

2 「非常口」は、なぜ使われないのか

ポイント

- 人は火災時も普段と同じ経路を使いがち
- いざというときのために避難経路の確認をしておこう

非常口はその名のとおり、火災などの非常時に外へ避難するための出口ですよね。でも意外に思われるでしょうが、火災の現場ではあまり使われていないのです。

なぜでしょうか？

それは、普段使っていないから使えないのです。

旅行で、旅館やホテルへ宿泊したときのことを思い出してみてください。

仲居さんが部屋へ案内してくれる途中で、「非常口はこちらです。火災の際にはこちらから1階の庭に降りられます」といった説明をしてくれます。でも「一度降りてみてください」とまでは普通言いません。

しかし、人間は基本的に経験していないことは

できないのです。

「外へ逃げなくては……」という思考回路に、普段使っていないものは出てこないのです。たとえ、「非常口」が頭をよぎったとしても、経験がないと使うのは不安なのです。そのため自分が通ってきた経路をたどろうとするのです。

皆さん、次回、旅行で宿泊されるときは、たとえ1フロア分でもいいですから、実際に非常階段で降りてみてください。時間にしてもせいぜい2～3分、保険だと思えば安いものです。

住宅火災の場合も、逃げ遅れた方がいるという情報があると、消防隊は、その人が普段使っている部屋から玄関などの出入り口に至る経路を中心に捜します。その途中で煙に巻かれてトイレや浴室に逃げ込んでいるケースが多いのです。残念ながら、玄関まであと

一歩というところで倒れてしまっているケースもあります。

人は、外へ出ることのできる窓があっても、そこから避難しようとはしていません。先ほど説明したように普段出入り口として使っていないので、窓から外に出ることが思い浮かばないのです。たとえ浮かんだとしても、そこから降りるのは怖いですよね。

わんぱくな子どもが自分の部屋への出入りに窓を使うことがありますが、どうぞ叱らないでください。いざというときにはその経験が生きるのです。

皆さんの場合は、実際に窓から出入りはしないまでも、窓を開けたときに「ここから外へ避難するとしたら、まずここに足をかけて、次にここへぶら下がって思い切って手を離す」というふうにイメージしてみてください。それだけでも効果がありますよ。

普段やっていないこと、ましてやイメージすらしていないことを、いざというときにできるはずがないのです。

話のコツ

質問は、「指す」のではなく、「参加」してもらう

質問は、聞き手の注意を引き付ける効果があります。

でも、質問の仕方を工夫しましょう。

学校の生徒だった頃を思い出してください。先生に指されるのは嫌でしたよね。

講話を聴いてくれている方々にとっても同じことです。

「指されるかもしれない」と思うと緊張こそしますが、決して気持ちのいいものではありません。特に正解を答えられなかった人は、「恥をかかされた」と思うかもしれません。

それよりも「参加型」を心掛けましょう。

「○○について御存じの方、いらっしゃったら教えていただけませんか？」と呼び掛けるのです。

この○○は「地名の由来」「今は暗渠（あんきょ）になってしまった川」「以前あった大きな工場」など、古い人とか、一部の人なら知っているといったものがいいでしょう。

「ハイ、ハイ」と手を挙げて、熱心に教えてくれます。

訓練や講話の冒頭、又は合間に使うと、場の雰囲気が和むこと請け合いです。

3 消防訓練時の一口メモ（その１ 消火訓練）

ポイント

- 消火器の使い方を知ってはいても火災時は上手に使えないことが多い
- もしものときに有効に使うためには訓練が必要

消火器は、最も身近で簡単な消火手段の一つですが、火災の現場ではなかなか思うような効果を発揮していないのが実態です。なぜでしょうか。消火器の性能に問題があったわけではありません。

統計によると、消火器の設置が義務付けられている建物で火災が発生した場合、約70％しか消火器を使っていません。使っていない理由は、「消火器を使うことが頭に浮かばなかった」とか「設置場所が分からなかった」などです。

また使った場合でも、その70％ほどしか消火に成功していません。

70％の70％ですから７×７＝49で、消火器が設置されていても50％程度しか役に立っていないことになりますよね。

上手に使えない一番の理由は「使ったことがない」からです。安全ピンを抜くことを知らずに、レバーを力任せに握っても薬剤は出てきません。人間は経験を積み重ねて体で覚えていないと、いざというときになかなかできないものなのです。「レバーの操作ができないため、消火器を丸ごと燃えているところに投げ付けた」という笑えない話もあるほどです。

もう一つは、消火器の性能を正しく知らないことが挙げられます。

最も普及している加圧式粉末消火器の射程は、小型のものですと約３メートルです。かなり近づいて放射しないと、燃えているものに届きません。

また、放射時間は約10秒です。しっかり狙いを定めないと、燃えているものに掛からないうちに薬剤が出切ってしまいます。

消火活動をする場合に、もう一つ大切なことがあります。それは、声を出すことです。消火器を操作しながら「火事だー！」と大声で叫んでください。

なぜでしょうか。

周りの人に火事の発生を知らせ、その声を聞いた人に１１９番通報をしてもらうためです。

燃え広がって、「消火器では消せない」となってからでは遅いのです。きちんと消すことができた場合は、消防車は空振りになりますが、気にしないでください。消防署は空振り大歓迎です。

簡単そうに見えることでも、やったことがないと意外にできないものなのです。

次の訓練で、しっかり体に覚えさせてくださいね。

“Ｈｏｌｄ　ｕｐ”

トランプ大統領は演説で、ボディーランゲージを上手に使っていますよね。

親指を立てたり、指で差したり……。

スピーチにおけるボディーランゲージの大切さはよくお分かりのことと思います。「でも、どうすればいいの」と思ってはいませんか。

新聞に掲載されている演説又は講演をしている人の写真に、その答えがあります。

手を挙げている、あるいは指を広げた手が顔と一緒に写っている。そのような写真を見ると、知らない人でも「この人の話は、何だか説得力がありそう」という印象をもちませんか。

ポイントは手の位置です。顔と一緒に写真に写るような位置が一番目立つのです。昔のギャング映画等で、銃を突き付けて“Ｈｏｌｄ　ｕｐ”（手を挙げろ）という場面がありましたよね。そのときの手を挙げた位置、すなわち手を広げて肩の辺りまで挙げた位置でのアクションが最も効果的です。後は振り下ろすなり、左右に振るなり、頭を抱えるなり、話の内容に合わせてアクションを工夫してみてください。

4 消防訓練時の一口メモ（その2 避難訓練）

ポイント

- 防火戸が閉まり、暗闇となった中でどう避難するか
- 普段から非常時の避難経路を確認しておくことが大切

小学校や幼稚園などでの訓練では、注意事項として「『お・か・し・も』を守ってください」と言っています。

「お」は「押さない」

「か」は「駆けない」

「し」は「しゃべらない」

「も」は「戻らない」です。

これらの一つひとつについては説明しなくてもお分かりだと思います。

大人の方々にはもう少し付け加えておきます。

一つ目は「火災のときには防火戸が閉まり、照明が消えている」ということです。

防火戸には自動火災報知設備と連動して自動的に閉まるようになっているものがあります。いつもは開いている防火戸が閉まると、廊下にいきなり壁が出現したような状態になります。いつもとは様子が違っているということです。何もないはずのところに壁があるのですから、うろたえますよね。防火戸は閉まっていても手で押せば開きますし、大きなものにはくぐり戸が付いているのですが、「アッ、こっちへは行かれない」と思ってしまいます。

また、火災で配線の被覆が焼け、ショートすると照明が消えます。場所や時間帯によっては真っ暗になるということです。

普段から防火戸の位置を確認して、閉まったときの状態がどうなるのか、また、暗闇の中でどう避難するのかをシミュレーションしておきましょう。

二つ目は「避難のときに開けた扉は必ず閉める」ということです。

御存じのように火災で怖いのは「炎」や「熱」だけではありません。

特に耐火造の建物の場合は「煙」による被害の方が大きい場合が多いのです。煙の拡散をできるだけ防ぐために、避難する際に開けた扉は必ず閉めてください。

三つ目は「普段から、非常の場合の避難経路を確認しておく」ということです。非常口や非常階段の入口には緑色の誘導灯が付いています。でも、普段エレベーターを使っている人で非常階段や非常口を使ったことのない人は、いざというときにきちんと使えていません。避難経路は一つとは限りません。「非常口から○○に降りられる」「非常階段で1階に降りたら、○○を通って外に出る」というように、何度か実際に通って確認しておくことが大切です。

情報源

火災現場で入手した情報を無線で報告する際には、情報源を付加するのが常ですよね。これは「情報源が確かなものである」ことを示すことが、「その情報が信頼できるものである」という証になるからです。

講話の場合も同じです。無線での報告のように、出典をいちいち口に出す必要はありませんが、特に数字や人名、地名などは信頼できる資料から入手したものを使いましょう。人の話の受け売りでは、間違っていないとも限りません。

私自身、恥ずかしいことにその昔、小説の「大菩薩峠」の作者を中里介山ではなく、大仏次郎だと思い込んでいた時期がありました。「大菩薩…」と「大仏…」の部分に共通点があるので、どこかで記憶のボタンを掛け違えたものと思われます。

本や新聞などの記事になったものは、まず心配はありませんが、人の話を引用する場合や自分の記憶だけで話す場合は、一度確認した方が無難です。確認を怠ると、同じ過ちを繰り返すことになるかもしれませんよ。

5　消防訓練時の一口メモ（その3　通報訓練）

ポイント

- 会社の所在地を正確に伝えられるようにしよう
- 消防車は現場に向かっているので、落ち着いて質問に答えよう

「119番の電話くらい、誰でもできる」と思ってはいませんか？

ところが、意外にきちんと通報できていない場合が多いのです。

一番多いのが「燃えている建物の所在地を正確に言えない」というものです。

119番の電話は、地元の消防署につながっているわけではありません。消防本部で受けているのです。ですから、「駅前の郵便局の隣の建物です」と声をからして言っても、受けている方では分かりません。

自宅の住所はしっかり覚えていても、会社の所在地はうろ覚えの場合が多いのです。まして火災のときには、覚えているはずの番地でも、うろたえてなかなか出てこないということがよくあります。

会社の所在地を、よく見える位置に掲示しておくのも一つの対策だと思います。

出先などで火災を発見して通報する場合のように、燃えている建物の所在地が正確に分からないときは、交差点の名称や公共機関の建物などから、できるだけ分かりやすく説明してください。

もう一つ、通報に関してお話をしておきたいことがあります。

それは、１１９番通報を受けた際の消防本部の対応についてです。

１１９番通報を受け、火災の場所が特定できると、消防本部ではその時点で消防車に出場を指令します。

その後も消防本部では通報者に対し、

「何階で何が燃えているのか？」

「逃げ遅れはいるのか？」

「あなたの名前は？　電話番号は？」

といろいろ尋ねてきます。

また、規模の大きな建物の場合は、はしご車などの効果的な部署位置を特定するために「燃えているのは、その建物の東、西、南、北、どの部分ですか？」と尋ねることもあります。

通報者にしてみれば「そんな細かいことはどうでもいいから、早く消防車を出場させてくれ」という気持ちになるかもしれません。

でも、消防車はもう向かっているのです。

後から聞き取った詳しい情報は、付加情報として出場中の消防車に無線で伝えられます。

このことを覚えていただいて、１１９番通報のときは慌てないで、聞かれることにしっかりと答えられるように、日頃から準備しておいてください。

パワーポイントは本当に効果的？

講話や講義でパワーポイントを使うのが当たり前になっていますよね。

でも、パワーポイント等の画面は本当に効果的なのでしょうか。

私は、図表や写真など言葉だけでは説明しにくいもの以外は、原則としてパワーポイント等の画面は使いません。図表や写真であってもプリントできるものは資料として配布するようにしています。なぜなら、画面を見てもらっている間は話し手の顔を見てもらえないからです。

「伝えたいことは、お互いに顔を見合わせて話す」これが伝えたいことを最も確実に伝える方法だと思っています。面接試験でも試験官は、受験生とフェイス・トゥー・フェイスで向き合っているので「受験生の人となりがよく分かる」のではないでしょうか。

ＮＨＫの「クローズアップ現代」で長い間キャスターをされていた国谷裕子さんも、その著書のなかで「最も伝えたいことを話すときには、カメラさんに『私の顔をアップにしてください』と注文しました。フェイス・トゥー・フェイスでないと伝わらないからです」と述べておられます。全くそのとおりだと思います。

6 「分かっている」から「できる」へ

ポイント

- けん玉と同じで、分かっていても体で覚えなければできない
- 体で覚えたことは忘れないという強みがある

皆さんは「けん玉」を御存じですよね。「どのようにして遊ぶのか」もお分かりですね。でも、できますか。

「分かってはいるけれど、できない」という方がほとんどではないでしょうか。

火災のときの行動も、これと同じなのです。「避難や通報、そして初期消火」どれも「どうすればよいのか」分かっていても、なかなかできていないのです。なぜでしょうか。

それは「やったことがないから」なのです。頭では分かっていても、体で覚えていなければ「できない」のです。そして「できる」ようになるための唯一の方法が「訓練」なのです。

「泳ぐこと」や「自転車に乗ること」も訓練を繰り返して体で覚えなければ、できるようになりませんよね。「トランペットを吹きたい」と思って教則本を一冊丸暗記しても、決して吹けるようになりません。同じことなのです。「できる」ようになるためには「体で覚える」、つまり、訓練の繰り返しが不可欠なのです。

また、「体で覚えたこと」には大きな強みがあります。それは「一度身に付けたものは忘れない」ということです。

泳げる人は10年間泳いでいなくても、すいすいと泳げます。自転車に乗れる人は10年間乗っていなくても上手に乗れます。「体で覚えている」ということは素晴らしいですね。

人間は子どものうちは、大人の行動を何でもそのとおりにまねることによって、身に付けようとします。まねることによって、体で覚えようとするのです。言わば訓練です。こうして身

に付けたことは、死ぬまで忘れません。

ところが大人になると、なかなか体で覚えようとはしなくなります。なまじっか、頭でイメージがつかめるために横着をして「頭で覚えよう」とするのです。マニュアル等によって「どうすればよいのか」を頭で理解しただけで「できる」と思い込んでしまうのです。

ここに落とし穴があります。頭で「分かった」からといって、体で覚えていなければ「できない」のです。よく知っている曲をピアノで弾こうとしても、ピアノを弾けない人は1本指で音を一つずつ押さえるのが関の山です。決して「タラララ……」とは弾けません。

火災のときの行動は、何もピアノのように「タララララ……」とまでできるようになる必要はありません。でも、体で覚えているかどうか、言い換えればやったことが「あるのか、ないのか」が「雲泥の差」になるのです。場合によっては「生死を分ける」のです。

皆さんは「けん玉」はできなくても結構です。でも、火災に遭遇したときの「避難や通報、そして初期消火」は、ぜひ体で覚えてください。

話のコツ

作者は何を言いたいか

「作者は何を言いたいか、文中の語句を用いて20字以内で答えなさい」

これは、現代国語の試験でおなじみの出題形式ですよね。正解がなかなか出てこないような問題文は、文章としては一級品でも、難解で意味不明でした。

逆に作者が何を訴えたいのかが伝わってくる平易な文章は読みやすいし、説得力を感じました。

講話も同じです。何を訴えたいのかがよく分かる話は聞きやすいし「なるほど」とうなずけます。何の関係もなさそうな話から始まっても、全体のストーリーの一部であることが分かると聞き手は引き込まれるのです。

反対に、内容はそれなりにいい話でも難しい語句の羅列で、よく考えないと何を言いたいのかがよく分からないような話は説得力がありません。

自己紹介などの枕となる部分はともかくとして、最も伝えたいことを中心にして全体のストーリーを構成しましょう。講話の説得力が数段増しますよ。

第2章　火災予防

1 整理整頓と火災予防

ポイント

- 物が多い場所は火災が拡大しやすく、発見が遅れやすい
- 整理整頓は火災予防につながり、家族の命を守る決め手となる

火災の現場、特に死者が発生した現場を検証すると、住宅、店舗、事務所等の用途にかかわらず、そのほとんどがきちんと整理整頓されていない場所からの出火であることが分かります。

なぜでしょうか？

一つには火災を発生させた当事者が、きちんと整理整頓ができない「ずぼら」な性格であったがゆえに「火の取り扱いに注意を怠った」といえるでしょう。でも、それだけではありません。

整理整頓ができていないということは、種々雑多な可燃物があるということで、言い換えれば「多量の延焼媒介物があふれている」ということなのです。

ご承知のように火災は初めからいきなり大きく燃え盛るわけではありません。

出火源となるたばこやろうそく、電気のショートといった小さな火が、時間の経過とともに周りのいろいろな物に燃え移って成長し、火災になるのです。例えば火の付いたたばこを畳やカーペットの上に転がしておいても、それだけでは火災になりません。焼け焦げはできますが、じきに消えてしまいます。でも、そこに布団や衣類、書類や紙くずがある場合はそうはいきません。火は徐々に拡大していき、ついには消火器などでは手に負えないほどに成長してしまうのです。

さらには、物が多くあるということは、普段は目に入らない死角が多いということなのです。

灰皿から転がり落ちたたばこの吸いさし、熱で変色したコンセントやプラグ、折れ曲がってむき出しになった配線、これらがいろいろな物で隠されて

しまうのです。そのために、きちんと片付けられていればすぐに分かる異変に気付かなかったり、発見が遅れてしまうのです。

物が多い現場は燃え方も激しく、有毒ガスも大量に発生します。そのために逃げ遅れるケースも多くなると考えられます。火災による死者はその多くが煙や有毒ガスによるものなのです。

皆さんのお家はいかがですか？　居間、寝室、台所のレンジ周り、物であふれていませんか？　魚焼きグリルの受け皿、換気扇、コンセントの周り、汚れて燃えやすくなっていませんか？

「整理整頓」が家族の大切な命を守る決め手になるかもしれませんよ。

話のコツ

「アガる」のは見苦しい？

訓練指導などで大勢の人の前に出ると、どうしても「アガってしまう」という方がいると思います。では「アガってしまう」ことは見苦しいものでしょうか？　いいえ、そんなことはありません。「一生懸命だな」と思う人はいても、「見苦しい」と思う人はいません。

とはいっても「何とかアガらない秘訣はないものだろうか」と思う気持ちはよく分かります。「手のひらに『人』の字を書いて飲み込んでしまう」とのおまじないがあるようですが、効果のほどはどうでしょうか。

それよりも科学的にアプローチしてみましょう。訓練参加者が「知らない人ばかり」の場合と「知っている人がいる」場合では「知らない人ばかり」の方が緊張しますよね。それなら「知っている人」を作ってしまえばよいのです。訓練会場に一足早く行きましょう。そして集まってくる人に片端から挨拶してしまいましょう。

「こんにちは。今日の訓練インストラクターの○○です。よろしくお願いします」

ほら、知っている人が何人も増えましたよね。

これだけでも緊張感は大分違うはずです。是非、試してみてください。

2 「天ぷら油火災」を引き起こす罠

ポイント

- こんろにかけた天ぷら油を忘れさせる「二段構えの罠」とは
- 罠にかからないためには、こんろを離れるたびに必ず火を消すこと

皆さん、全国の火災の原因で放火と並んで多いのが「こんろ」で、その大半が「天ぷら油」によるものです。そして、その全てが「油の入った鍋をこんろにかけたまま放置した」ことによるものなのです。

では、なぜこんろにかけたまま放置してしまったのでしょうか。分かっていて放置しておく人はいません。皆、「つい」忘れてしまったのです。「私は大丈夫」と思っていても忘れてしまうのです。

天ぷら油は360度から380度で発火します。油の量や火の強さにもよりますが、天ぷら油をこんろにかけたまま放置すれば、20分程度で発火温度に達します。20分という時間は、忘れてしまえば「あっ」という間です。

どうして忘れてしまうのでしょうか。実は、火災を引き起こす悪魔には、こんろにかけた天ぷら油を忘れさせるための巧妙なやり方があるのです。

それは「二段構えの罠」と名付けられているものですが、このような仕組みです。

例えば天ぷら油の入った鍋をこんろにかけて温めているとき、「寝ていた赤ちゃんがむずかりだした」これが一段目の罠です。

すぐ台所に戻るつもりで、こんろはそのままにして赤ちゃんをあやしていたら「急に雨が降り出したので慌てて洗濯物を取り込んだ」これが二段目の罠です。

この場合、赤ちゃんをあやしているときは、こんろにかけた天ぷら油のことをしっかり意識しているのです。す

ぐ台所に戻らなくてはと思っているのです。でもその次の二段目の罠である洗濯物の取り込みにはまると、それまで意識していたことがもろくも抜けてしまうのです。

洗濯物の取り込みが終わるころには、既に天ぷら油は炎を上げています。

実に巧妙ですよね。

この二段構えの罠には、同じくこんろから離れて「かかってきた電話に出て話し込んでいるときに」「外で交通事故らしい音がしたので見に行った」などいろいろなパターンがあるようです。

では、この罠にはまらないためには、どうしたらよいのでしょうか。

残念ながらその決め手はありません。したがって罠に落ちても火事にならないようにするほか手立てはありません。面倒でも「こんろから離れる度にスイッチを切る」しかないのです。

弱火にするのではいけません。少しずつでも油の温度は上昇していきます。離れるときは必ず火を消す習慣を付けましょう。

安全の決め手は「自分は思ったよりもうっかり者だ」と自覚することです。

口元に笑みを

消防職員の男性（一応、限定しておきます）は、どちらかといえば「いかつい」顔が多いといえます。自分で思っているより「恐い顔」に見えているのです。

でも、話し手としての第一印象はソフトであることが大切です。

俳優やタレントでお茶の間の人気があるのは、苦み走ったハードボイルドスターよりもソフトな印象の二枚目半ですよね。

昨年行われた、アメリカの大統領選挙のテレビ討論でも「議論の中身以上に好感度が大切」とまでいわれていました。

今さら顔を変えることはできませんが、第一印象を少しだけソフトにすることなら可能です。

まず、鏡に向かって唇の両端を少しだけ引き上げてみてください。

そう、それだけでいいのです。随分とソフトになりました。

最初はぎこちなく見えるでしょう。でも、ご心配なく。何度も繰り返すうちに、あたかも「自然ににじみ出た笑み」に見えるようになります。

どうぞお試しください。

3 「ボヤ」でも死者は出る

ポイント

- 小さな火事でも、一酸化炭素中毒死は起きる
- 気密性の高い住宅でこんろや暖房器具を使うときは換気扇を回すこと

あまり気持ちのよい話題ではありませんが、消防では火災で亡くなった方を「焼死者」とは呼びません。「火災による死者」と呼びます。

なぜなら、火災で亡くなったとはいえ、必ずしも「焼死」ではないからです。

2005年3月、大阪府豊中市の住宅で火災があり、火元とは別の場所にいた幼い子ども3人が亡くなりました。3人にやけどはなく、死因は一酸化炭素中毒でした。また、同じ年の12月、名古屋市の高層住宅11階の部屋から出火し、幼い2人の子どもが犠牲になりました。こちらも死因は一酸化炭素中毒でした。

この2件の火災はどれも焼損面積は極めて少なく、燃え跡からはとても死者が出るような火災には見えません。

このように焼損面積がほとんどゼロなのに死者の出る火災が、全国で毎年100件ほども発生しています。現場の状況は「ろうそくの火がビニールに燃え移り、くすぶり続けた」とか「椅子や座布団が燃えた」とか「ベッドが燃えた」というものでした。

小さな火事だからといって、侮ってはいけません。「火災による死者」の半分近くは「焼死」ではなく「一酸化炭素中毒死」なのです。

一酸化炭素は猛毒です。空気中の濃度が5％以上になれば、一息吸い込むだけで死んでしまいます。

特に最近の住宅は、エコブームを反映して気密性が高くなっていて、換気扇を止めない24時間換気が標準設計になっているものが増えています。ところがこのような住宅でエアコンをつけ

るときに、冷気や暖気を逃がさないように、換気扇を止めてしまう人がいます。この状態で調理をすると、気密性が高いため、すぐに酸素が不足して不完全燃焼が起こり、一酸化炭素が発生します。

実験によると、換気扇を止めた状態で台所のこんろを10分間つけっぱなしにしただけで、一酸化炭素が致死量までになったそうです。部屋が暑くなるとか、寒くなるからといって、換気扇を止めてしまうのは大変危険なのです。煙が出ない煮物などの調理の場合も同じことですよ。

気密性の高い住宅では、ガスこんろだけではなく石油ファンヒーターなどの室内で直接燃料を燃やす暖房器具を使う場合も、換気扇を止めるのは大変危険だということを覚えておいてください。

「節電」はとても大切ですが、命まで懸けることではありませんよね。

参考文献：辻本　誠『火災の科学　火事のしくみと防ぎ方』中央公論新社

オアエオイエアオ……

アナウンサーや俳優は「話す」ことが仕事の中心です。彼・彼女らの中には、本番の直前まで「オアエオイエアオアイウエオ」と繰り返し発声練習をする人もいるそうです。

これは「滑舌（かつぜつ）」を良くするトレーニングで、明瞭な発声に欠かせないものです。

「オアエオイエアオ……」以外にも、

「アメンボ赤いなアイウエオ……」とか、

「レロラレロレロラ……」などなど、いろいろなバージョンがあるようです。

いずれにしても正確に口の形を作って、一つひとつの音をはっきりと発声するためのトレーニングです。

ちょっとした時間を見つけて上記のようなトレーニングをやってみてください。伝統的なトレーニング方法ですから、必ず成果があるものと思われます。また、顔の筋肉のストレッチにもなって、若々しい表情を保つ効果もあるそうですよ。

ただし、街中の場合は周りをよく見て、くれぐれも「怪しい人」と間違えられないようにご注意ください。

4　古い消火器の破裂に注意

ポイント

- 古くなり腐食した消火器の破裂による事故が相次いでいる
- けがをしないよう、いらなくなった消火器は正しい方法で処分すること

放置された古い消火器が破裂し大けがを負う例が全国で相次いでおり、死者も発生しています。

以前、駐車場に放置されていた消火器を操作した小学生の男児が大けがをした事故で、駐車場の管理者が業務上過失傷害罪で起訴されました。

なぜ、古い消火器が危険なのでしょうか。

事故が発生している消火器は「加圧式」といわれるもので、粉末消火器はほとんどがこのタイプです。

加圧式消火器は粉末消火薬剤の入った本体容器の中に、圧縮空気の入った小さいボンベが装着されており、放出操作に伴ってこのボンベが開封され本体容器の内部が圧縮空気と攪拌（かくはん）された消火薬剤で満たされ、それがホースから外部に放射される仕組みになっています。

ところが、古くなった消火器には本体容器の底が腐食し、強度が落ちているものがあります。このような消火器を操作すると本体容器内部に放射された圧縮空気が、腐食して強度の落ちている部分を破壊し、そこから噴き出すため消火器本体がロケットのように飛び上がり人を襲うのです。

消火器は比較的重いので、操作する場合は前かがみの姿勢をとりがちです。そこにロケットと化した消火器が飛び上がって来るので、多くの場合顔やアゴを直撃されるのです。

放置されさびついた消火器も、放出操作をしない限りは圧力が加わっていないので危険はないのですが、放出操作とともに凶器と化すのです。

事業所の室内に設置されている消火器は、定期的に点検されていますので、このような危険はまずないといっ

ていいと思います。

危ないのは家庭に設置してあるものなど、何年も点検していない消火器で、特に湿気の多い場所や屋外に設置されているもの又は空き地などに捨てられているものです。

いらなくなった消火器はごみとして出せないために「面倒だから」と空き地などに捨てる不届き者がいるのです。子どもはこれを見つけたら格好のおもちゃにしてしまいます。考えただけでゾッとしますよね。いらなくなった消火器の処分は、必ず消火器業者に依頼してください。

また、廃棄する予定の消火器を使って訓練を行うことは大変危険です。絶対にやめましょう。

命を守ってくれるはずの消火器でけがをしても、しゃれになりませんよね。

お・も・て・な・し

2013年９月７日、オリンピックの東京招致を決めたIOC総会でのこと。滝川クリステルさんのプレゼンテーション「お・も・て・な・し」が評判になりましたよね。招致の決め手になったともいわれています。

なぜ評価されたのでしょうか。

もちろんスピーチの内容もすばらしいものでした。でも印象を決定付けたのは、あのジェスチャー、「お・も・て・な・し」の手振りと合掌ではなかったでしょうか。

私たちの講話も同じことがいえます。

身振り手振りはもちろんですが、絵や写真、あるいは模型などの小道具、これらを見てもらうことで印象はずっと強くなります。話の内容が決まったら、次はアクション、小道具を考えましょう。

大切なのは「一工夫」です。滝川さんのジェスチャーも、一晩寝ずに考えた結果だそうですよ。

5 ガソリンは思っている以上に危険です

ポイント

- ガソリンは揮発性が高いため引火しやすく、大変危険
- 大量にこぼした場合は、火が付く前に消火器の薬剤を放射するのが有効

２０１３年８月、福知山市の花火大会の会場で屋台の店が燃え上がり、３人が死亡、50人以上がけがをするという痛ましい事故が起きました。火災の原因は、発電機の燃料用ガソリンの不適切な取扱いではないかといわれています。この事故を契機に、携行缶に入ったガソリンを使用する場所では、消火器の準備が義務付けられました。

２００９年７月には大阪市のパチンコ店で、入り口付近に撒かれたガソリンに放火され、４人が死亡、19人がけがをするという事故も起きています。

このようにガソリンは大変危険なものです。なぜでしょうか。

ガソリンは揮発性が高く、気温が低くてもどんどん気体になります。無色の気体ですから見ても分かりません。ガソリン自体から離れたところにあるように見える火であっても、その目に見えない気体に火が付けば、爆発的に燃え上がるのです。

しかもその気体は空気よりも重いため、なかなか拡散しません。火の付きやすい危険な状態が長く続くのです。

自動車の燃料として身近な存在であるために、その危険性が十分に認識されていないことにも一因がありそうです。

こんな事故もありました。

少年の運転していたバイクが、暗い夜道でエンストしてしまいました。その少年は燃料が残っているかどうかを確認しようとして、燃料タンクのキャップを開け、照明の代わりにライターの火を近づけたのです。途端に給油口から炎が吹き上がり、少年は顔に大やけどを負ってしまいました。本当

にあった お話です。

もう一つの身近な液体燃料として「灯油」もありますが、ガソリンと比べると危険性には雲泥の差があります。どのくらい違うのか実験で確かめてみましょう。

ポリバケツに入れた灯油に火の付いたマッチ棒を落としてみます。どうなると思いますか。マッチ棒は「ジュッ」と音を立てて消えてしまいます。

ところがガソリンで同じことをしたら大変です。「アッ」という間に大きな炎となって爆発的に燃え上がります。こんな実験、皆さんは決してしないでくださいね。

もし、ガソリンを大量にこぼしたり撒かれてしまったら、どうすればよいでしょうか。消火器があれば、火が付く前であっても薬剤を放射してください。燃えにくくする効果があります。水をかけても効果はありません。ガソリンは水より軽く、また、水とは混じり合わないため水の表面に浮いて広がるだけです。

消火手段がなければ素早く、思い切り遠くへ避難しましょう。

ガソリンは思っている以上に危険な代物です。くれぐれもご注意ください。

話のコツ

誤りやすい読み方

日頃、何気なく使っている漢字熟語で「えっ、正しくはそう読むの？」と意外に感じられる読み方があります。

講話で、又は地域の人との会話で使われそうなものは次の表のとおりです。なお、表の×の欄に掲げた読み方の中には一般的に広く使われていて、必ずしも誤りとはいえないものもありますが、報道に携わる人たちの間では使わないこととされているものです。

熟語＼正誤	×	○
大地震	だいじしん	おおじしん
大舞台	だいぶたい	おおぶたい
他人事	たにんごと	ひとごと
河川敷	かせんじき	かせんしき
入水（自殺）	にゅうすい	じゅすい
言質（を取る）	げんしつ	げんち
一日（の長）	いちにち	いちじつ
一矢（を報いる）	いちや	いっし

6 ストーブによる火災

ポイント

- ストーブの上に干した洗濯物が火災の原因になることも少なくない
- どんな器具も目的外の使用には思わぬ落とし穴がある

「ストーブ」は平成28（2016）年の全国の建物火災の原因のうち、「こんろ」、「放火又は放火の疑い」、「たばこ」に次いで4番目（全体の5・6％）となっています。

平成22（2010）年3月に7人の死者を出した札幌市の認知症高齢者向けグループホーム「みらいとんでん」の火災もストーブが原因ではないかといわれています。恒常的にストーブの上で洗濯物を干していたことが関係者の話から明らかになったのです。

ストーブが原因の火災といえば、かつては「石油ストーブに、火を消さずに燃料を入れようとして、こぼしてしまい火が付いた」ケースが最も多かったのですが、実はこの札幌市の火災のように「ストーブの上で干していた洗濯物に火が付いた」ケースも決して少なくないのです。

「外は寒いし、天気も悪い」、「早く乾かしたい」、「室内が乾燥しているからちょうどいい湿気になる」といった気持ちはよく分かりますが、ストーブの上で洗濯物を干すのは大変危険な行為なのです。

火災に至る典型的な例を紹介しましょう。

寒い冬のある休日、マンションで独り暮らしのSさんが一週間分の洗濯をしました。ところがその日はどんよりとした曇り空で、外で干してもなかなか乾きそうにありません。そこでSさんは、明日からすぐにも必要となる下着類だけでもストーブで乾かすことにしました。

洗った下着類を物干しリングにつるして、フックをストーブ上に張った

ロープに引っ掛けて、その状態のまま買い物に出掛けてしまったのです。数時間後、自宅に帰ったSさんを待っていたのは、消防隊と野次馬の喧騒(けんそう)と焼けただれた自室でした。

洗濯物は濡れている間はずっしりと重く、物干しリングのフックもしっかりと掛かっています。ところが乾いてくると、全体が軽くなる上にストーブによる下からの上昇気流で洗濯物はひらひらと舞い上がります。フックが外れるのは時間の問題です。しかもカラカラに乾いた、燃えやすい洗濯物をつるしたリングが落ちる先は、燃えているストーブの上なのです。

このように火災の発生には一定のメカニズムがあります。そしてその陰には太古以来、我々の生活を潤してくれた「火」を、正しく使わない人間の身勝手があるといえるのではないでしょうか。

どんな器具も目的外の使用には思わぬ落とし穴があります。

話のコツ

「……でございます」と「……でいらっしゃいます」

敬語の使い方は難しいですよね。

今回は、間違って使われる例の多い「……でございます」と「……でいらっしゃいます」の区別についてです。

まず「……でございます」ですが、これは自分のことを言う場合に「それは私でございます」というように使います。相手のことを言う場合に「お忘れでございますか」とは言いません。この場合は「お忘れでいらっしゃいますか」と言うべきです。

このように「……でいらっしゃいます」は相手のことを言う場合に使います。「皆さまお元気でいらっしゃいますか」というように。名刺交換などの場面で自分の上司を「うちの課長の○○でいらっしゃいます」と紹介するのは変ですよね。この場合は「うちの課長の○○でございます」と言うべきです。

紛らわしいですが、自分のことを言う場合は「……でございます」、相手のことを言う場合は「……でいらっしゃいます」と覚えておくと役に立ちますよ。

7 片付け上手は火災を起こさない

ポイント

- 整理整頓されていない場所で起きた典型的な火災の例
- 片付けを習慣化すれば、火災を防ぐことができる

今回は、きちんと整理整頓されていない場所から出火した典型的な実例をお話しましょう。

Ａ子さんは都心のデパートに勤務している22歳のＯＬで、両親が一年前に購入した郊外の戸建住宅に一緒に住んでいます。

その日の朝、出勤前のＡ子さんは、いつものように二階の自室でたばこを吸いながら着替えをしていました。

穏やかな日で、小さく開けた窓からそよそよと気持ちのよい風が入ってきます。

Ａ子さんはあまり整理整頓が上手ではありません。

部屋の中には衣類や読みさしの雑誌、スナック菓子の袋などが所狭しと散乱しています。

窓際の机の上に置いてある灰皿も吸い殻でいっ

ぱいです。

A子さんがその灰皿に、吸いかけのたばこを載せて鏡を見ているとき、そよそよと吹き込んでくる風で灰皿のたばこが床に落ちました。火の付いたたばこはコロコロと転がり、床の上に脱ぎ捨ててあった衣類の陰に隠れてしまいました。

A子さんは吸っていたたばこが見当たらないので、消したのだろうと思い込んでそのまま出勤しました。

119番通報があったのは、それから3時間後のことです。

消防隊の懸命の消火活動もかなわず、購入したての家の二階部分がほとんど燃えてしまいました。

ここで整理整頓と火災の因果関係を検証してみましょう。

まず灰皿ですが、きれいに片付けられ吸い殻が一つも入っていなかったと

したらどうだったでしょうか。灰皿に載せたはずのたばこが見えなくなったら「おやっ」と気が付くはずです。吸い殻でいっぱいだったために消したのだと錯覚したのです。

また、床がきちんと片付いていたらどうだったでしょうか。落ちたたばこがすぐ目に入ったはずです。何より衣類や雑誌などの延焼媒介物がなければ、火の付いたたばこだけではまず火災になりません。床（畳）に焼け焦げはできますが、それだけで消えてしまいます。

住宅の火災、特にたばこが原因の火災は、このようなメカニズムで小さなたばこの火がくず籠、布団、座布団などの燃え種を介して大きな火へと成長していくケースがほとんどなのです。

「片付け」は習慣です。最初はおっくうに感じてもすぐに習慣になります。是非、火災を起こさないためにも、「片付け上手」になってください。

短文礼賛

講話の文章はなるべく短くしましょう。

読む文章なら多少長くて意味が分かりにくくても、読み返すことができます。でも耳から入ってくる話は、前に戻って確認することはできません。一つひとつの文章は、主語と述語がはっきりと分かる程度の長さにとどめましょう。

「……ですが」とか「……なので」などの接続詞の多用は控えた方が無難です。文章が長くなるため、聞いていて「要するに何が言いたいの？」ということになってしまいます。

「Ａさんは避難しようと決心して、とりあえず持っていく物をまとめ始めたのですが、Ａさんの母親のＢさんの姿が見えないので家の中を探しているうちに、朝、畑の様子を気にしていたことを思い出したので、窓から裏の畑を見たところ……」のように延々と続くと、何が何だか分かりませんよね。言いたいことが次々と頭に浮かんでくるような場合は、要注意です。

このためにも話す内容は、一度文章に書いてみることをお勧めします。

大切なのは「要するに何が言いたいの？」がきちんと聞き手に伝わる話し方です。

8　着衣着火

ポイント

- 着衣着火で亡くなる方のうち高齢者の占める割合が非常に高い傾向にある
- 大切なのは、ヒヤッとしたら「これから気を付けよう」ではなく、必ず対策を

皆さんは「着衣着火」という言葉をお聞きになったことがありますか。文字どおり、着ている衣服にガスこんろやストーブの火が着いて燃えることです。

この着衣着火で亡くなる方のうち高齢者の占める割合が非常に高い傾向にあるのです。では、どんなときに衣服に火が着いてしまうのでしょうか。たばこやストーブの場合もありますが、最も多いのは調理中です。また、性別では女性が男性の2倍以上多くなっています。これは調理に携わるのは女性の方が圧倒的に多いからであって、男性の調理の方が安全だということではありません。データはありませんが、私は男性の調理の方が相当危ないと思っています。

では、調理中に着衣に着火した典型的な例を幾つかご紹介しましょう。

①　ガステーブルの奥に置いてある炊飯器のスイッチに手を伸ばした際に袖に着火

②　壁にはねた油を拭き取ろうとして身を乗り出して、エプロンに着火

③　後ろの冷蔵庫から食材を取り出そうと振り向いた際、上着の裾に着火

どれも特別に危険な行動とは思えませんよね。皆さんにも覚えのある行動ではないでしょうか。でも、このときたまたま袖口のひらひらした服を着ていたとか、こんろの炎が丸い鍋の底から大きくはみ出ていたなどの条件が重なると火が着いてしまうのです。

では、着衣着火を防ぐためのポイントを幾つか挙げてみましょう。

①　袖がひらひらと広がっている服

を着たままで調理をしない。特に化学繊維の服はあっという間に燃え上がります。

②　ガステーブルの奥には物を置かない。

③　こんろの火力は鍋の底から大きくはみ出さないように調整する。

④　ガステーブルを電磁調理器に変える。

これらの対策を講じることで、かなりの確率で着衣着火を防ぐことができるはずです。

特に大切なのは「ヒヤッとしたら必ず対策を立てる」ことです。「これから気を付けよう」と思うだけではいけません。同じ人が同じように行動していれば、どんなに気を付けていても一度起きたことは必ずもう一度起きるのです。「あぁ、危なかった」ということがあったら、必ず対策を講じてください。

また、もし衣服に火が着いてしまったら、すかさず「脱ぐ」「濡れ布巾で押さえる」「水をかける」ことで燃え広がるのを防いでください。台所に立ったときに「もしものときは……」とイメージトレーニングをしておくと、素早い行動につながりますよ。

話のコツ

かいつまんで言えますか

今回はやや上級者向けのコツです。

ある事象の説明をするときに「要するに……」とか「一言でいうなら……」という言い方をよくしますよね。この言い方はその説明したい事象のことを、言っている本人がよく分かっていないとできません。

例えば、他人の書いた原稿を「これを皆さんの前で読み上げてください」と手渡されたとします。そのとき「時間の都合で要点だけを読んでください」といきなり言われて、できますか。できませんよね。自分で書いた原稿ならともかく、他人の書いたものの場合はしっかり読み込んで頭に入っているものでなければ、かいつまんで言うことなどできません。言い換えれば「かいつまんで言える」ということは「自分のものになっている」ということなのです。

イベントの進行具合等であなたの担当する講話にしわ寄せがきて「なんとか短めにできませんか」と泣きつかれた場合でも「悠然と対応できる」

これができれば、今後のあなたへの信頼感は絶大です。

9　事務室の火災

ポイント

- 事務室の火災の出火原因は、半分以上が電気関係
- 大掃除の際などに職場全体で電気関係のチェックをする習慣を付ける

事務室で仕事をしている皆さんは、「自分の職場から火事を出すなんて……、あり得ない」と思っていませんか。「ガスこんろはないし、火を使っているのは湯沸器くらい、たばこも喫煙場所が決まっていて吸い殻の始末もきちんとできているし……」と。

確かにマスコミをにぎわせるような大きな火災は滅多にないにしろ、事務室から発生する火災の件数は、住宅関係、飲食店に次いで多いのです。原因は何だと思いますか。

出火原因の半分以上が「電気関係」で、その内訳は電気機器からの出火と配線関係からの出火が多くなっています。

電気機器からの出火で多いのが、蛍光灯と換気扇、それとエアコンです。長年使っている蛍光灯の安定器、換気扇やエアコンのモーターは古くなると熱を出すことがあります。定期的にチェックして、変な音がしたり熱を持っているようなものは、直ちに使用をやめて交換してください。「まあ、今すぐでなくても……」とおっくうがって先延ばしにすると、後悔することになりますよ。

配線関係では、コードが折り曲げられたり机の脚などの下敷きになって、被覆の劣化による発熱や接続部の緩みによるショート、コンセントや差し込みプラグにほこりがたまることによるトラッキング現象などが火災を引き起こします。トラッキング現象は、一般にはあまり知られてはいませんが、コンセントのプラグ受けや差しっぱなしのプラグの刃にほこりがたまり、湿気を吸って電気を通しやすくなり、二つの刃の間に電気が流れて激しく火花を出

す現象です。

また、テーブルタップに数々のプラグが差し込まれ、テーブルタップの電気容量を超えている、いわゆる「たこ足配線」も火災の原因になっています。最近の事務室は個人用のパソコン、又はプリンターやコピー機、シュレッダーなどの普及に伴って、机の下などはコードが絡み合っていますよね。それだけ火災の発生危険も増えているのです。

机の下やコピー機の陰などをのぞいてみてください。コードの上に机の脚が乗っていませんか。差し込まれているプラグにほこりがたまっていませんか。

このようなチェックは個人個人ではなかなかできません。職場全体で「電気機器チェックの日」を決めて一斉に行うのが効果的ですが、それには管理職をはじめとするリーダーの方々の強いリスク管理の意識が必要です。少なくとも年に一回の大掃除のとき、あるいは人事異動や事務室内の模様替えで机や事務機器を動かす際には必ず電気関係をチェックする習慣を付けてください。

ご機嫌うかがい

初対面の人と会って互いに挨拶を交わす場合、共通点があると親しみが湧きますよね。同郷であるとか、趣味が同じだとか……。

この応用で、訓練（講話）の参加者に親しみを感じてもらえるテクニックがあります。

型どおりの自己紹介の後で、参加者のグループに合わせた一言を付け加えるのです。

参加者がデパートの店員さんなら、

「僕は少年の頃、○○デパートのお姉さんに憧れていたのです」

とか、鉄道関係者なら、

「子供の頃、僕の夢は電車の運転士になることでした。今は消防車を運転しています」。

地域の町会、自治会の方々なら、

「僕はこの町が大好きです。なぜかというと、皆さんは消防の訓練にとても熱心だと聞いているからです」など。

この一言で、親しみを感じて笑顔になってくれること、請け合いです。

お試しください。

10　物は居場所を主張する

ポイント

- 雑居ビル火災では非常口や階段の管理に不備があるケースが多い
- 物を置いてはいけない場所には、「とりあえず」でも絶対置かないこと

毎年のように、雑居ビルの火災で多くの方が亡くなっていますが、その実態をみると避難のために使われる非常口や階段の管理に不備があったケースがほとんどです。

非常口が塞がれていたり、通路に障害物が置かれたりしていると、煙に巻かれた状態でまともに避難できるはずがありません。ましてや火災時には、照明も消えて真っ暗なことが多いのです。

非常口を塞いでしまうのは論外としても、階段の踊り場に置かれた店の看板、あるいは入口を半分塞ぐように置かれた傘立てやコート掛け等、これらは消防署の立入検査のときに「避難障害」として指摘を受ける典型的な違反事項です。

関係者の言い分を聞くと「置いてはいけないことは分かっていたが、狭くて置き場所がないので、とりあえず置いていているうちに定位置になってしまった」というケースがほとんどです。

住まいにおいてもタンスや本箱等の家具は、ある場所に置いてしばらくたつと、その場所になじんできますよね。靴箱の上やベランダの片隅も一度何かを置いてしまうと、片付けるのに一苦労です。ペットが自分の居場所を主張するのと同じことで、物も居場所を主張するのです。

住まいの靴箱の上やベランダの片隅なら安全上の問題はほとんどありませんが、お客様や従業員が避難のために使う施設ではそうはいきません。本来のあるべき状態を保つには「非常口は常に使えるように」、また一見スペースとして空いているようにみえても「物を置いてはいけないところには決

して置かない」ことが大切です。

繰り返しになりますが、一度置かれた物は自分の居場所を主張するようになるのです。

そうなると限られたスペースの中で、別の場所への移動はなかなか厄介です。つい「まあ、いいか」ということになってしまいます。

ぜひ一度、チェックしてみてください。まさかの場面で障害になる場所、あるいは落ちてきそうな場所に物はありませんか。あったらすぐに、片付けましょう。「ここは私の場所です」と主張される前に。

置いてはいけない場所には「とりあえず」であっても、決して置かない。この重要性をしっかり認識してください。このことを実践できるかどうかが、まさかのときのお客様と従業員の安全を左右するのです。

安全は、皆さんの地道な、普段の努力で「作る」ものなのです。

話のコツ

目力（めぢから）トレーニング

「話し手は見た目が大切」といわれますが、その見た目を良くするためのポイントは「口元」と「目元」です。

「滑舌」が発声だけでなく、口元をスッキリさせる準備体操にもなることは、以前にもお話をしましたよね。でも、目元の準備体操については、女性向けの美容マッサージを別にしてあまり触れているものがありません。

そこで私が実践している「目元の準備体操」をご紹介しましょう。

まず、目を大きく見開きます。次に視野全体を時計の文字盤に見立てて、視線だけを動かしていきます。12（上）から６（下）、１から７、２から８……、……と対角線上に動かし続け、11から５でおしまいです。大きくはっきりと動かすのがコツです。

美容上の効果はともかく、寝ぼけ眼がスッキリすることは請け合います。鏡をのぞいてみると……、「目力（めぢから）」が違いませんか？

「滑舌」と併せて、講話の前の目元のチューンナップとして試してみてください。

11 スプリンクラーは万能選手？

ポイント

- スプリンクラー設備は優れものだが、小さなボヤでは作動しない
- 被害を最小限度にするためには、消火器などによる初期消火が大切

スプリンクラー設備を御存じですか？

火災が発生したときに自動的に消火してくれる優れものの消火設備です。

消火器や屋内消火栓は人が操作しなければ使えませんが、スプリンクラー設備は人の手を借りずに自動で放水してくれます。

また、自動火災報知設備などの警報設備は自動でベルを鳴らしますが、火を消してはくれません。そのようなわけでスプリンクラー設備は、数ある消防設備の中でも最も頼りになるものといっていいでしょう。

現にスプリンクラー設備が設置されている建物で発生した火災は、ほぼ１００％「ぼや」で鎮火しています。

でも、このスプリンクラー設備も決して万能選手ではないのです。

その意味をお話しする前に、スプリンクラー設備のメカニズムに触れておきましょう。

スプリンクラー設備は、天井に設置されたスプリンクラーヘッドから放水しますが、火災による熱でスプリンクラーヘッドのヒューズが溶け、栓が外れることで水が出てきます。ヒューズの溶ける温度は、通常の設計ですと摂氏72度前後です。したがってスプリンクラー設備が作動するためには、天井付近が72度にまで熱せられていることが必要なのです。

天井付近が72度になるときの火災の性状は？　というと、「床で発生した火災がどんどん成長して、炎の先端が天井をなめはじめた状態」です。この状態になる前では、スプリンクラー設備は作動しないのです。先程100％「ぼ

や」で鎮火していると言いましたが、その「ぼや」はかなり大きな「ぼや」なのです。

皆さんが小さな火災を発見した場合どうしますか？　火災が大きくなってスプリンクラー設備が作動するまでじっと見ていますか？　そんなことはできませんよね。

また、大地震のとき、建物そのものは持ちこたえたとしても、配管系統は大きなダメージを受けるといわれています。となると地震で発生した火災の場合、スプリンクラー設備は機能しない可能性が大きいのです。

確かにスプリンクラー設備は、非常に頼りになる優れた消防設備ではありますが、大地震のときを含め、小さな火災を小さなうちに消し止め、被害を最小限度にとどめるためには、やはり消火器などによる初期消火が必要なのです。そして、初期消火をきちんと行えるようにするためには、訓練が不可欠なのです。

お分かりいただけましたでしょうか。

ＤＪポリス

2013年６月、サッカー日本代表がワールドカップ出場を決めた日のことです。

東京渋谷駅前のスクランブル交差点は、出場が決まって喜ぶ大勢の若者であふれかえりました。その場面で交通整理をしていた警察官の呼び掛けが若者たちに受け入れられ、「ＤＪポリス」と評判になりましたよね。

ではなぜ、好感をもって受け入れられたのでしょうか。彼は日本代表のワールドカップ出場を決めて喜ぶ若者の気持ちを理解し、彼らの側に立った言い方をしたからだと思います。単に群衆をいさめて整理するのではなく、トラブルが起きないように、けが人が出ないようにと若者たちの安全を願って呼び掛けた気持ちが通じたのです。

訓練のインストラクターを担当するときの私たちも、同じことだと思います。

訓練に参加している人たちは、必ずしも訓練が好きで集まったわけではありません。「指示されて仕方なく……」とか「誘われて何となく……」という人もいるはずです。そのような人の気持ちを理解し、「やってみようかな」という気になってもらう動機付けが大切です。

訓練の成果は実施したそのことよりも、いかに参加者の身に付いたかで決まるはずですよね。

12　火災による死者は今後増加するかもしれません

ポイント

- 人口全体が急減するなかで、高齢者の人口が増えているのが原因
- 火災時の死亡リスクの高い高齢者とその周囲の自覚が、対処への第一歩

「近い将来、火災による死者が増えそうだ」と言うと、建物は燃えにくくなっているし、住宅にも火災警報器が付くようになったのに「なぜ？」と思われるかもしれません。

でも、１９８０年から30年間の全国の火災による死者の数を見てみると、減少傾向にあるとは言えるものの、減少の割合は火災件数の減少割合に比べると小さいのです。

この30年の間に火災の原因に関係する生活様式は、木造住宅から鉄筋コンクリート住宅へ、ストーブからエアコンへ、ガスこんろから電子レンジや電磁調理器へ、というように安全な方向に随分変わりました。それなのに「火災による死者」が減らないなんて……不思議ですよね。なぜ、減らないのでしょうか。

確かに各年齢層の人口10万人当たりの死者数を見ると減っているのですが、なぜ全体の数が減らないのか。それは世代ごとの人口が変化しているためなのです。火災による死者の65％は高齢者です。この30年で高齢者の死亡率は3分の2になりましたが、高齢者の人口は逆に1・5（2分の3）倍になったために、全体の死者の数は変わらなかったのです。

高齢者の火災時の死亡リスクは、年齢が上がるにつれて高くなっています。興味深いのは、男性の方が女性よりも死亡リスクが高いことです。おそらくは、何とか自分で消し止めようと試みて、とうとう衣服に火が燃え移ったり、一酸化炭素を吸い込んだりして犠牲になってしまったのではないかと思われます。

男女の別はさておき、このようにリ

少子高齢化
2015年
2030年
～
15歳未満
15歳～64歳
65歳以上

スクの高い高年齢層に今、最も人口の多い「団塊の世代」が差し掛かっていま す。ある研究によると、火災による死者は、将来、増えてしまうのではないかと 予想されています。

人口全体が急速に減っていく中で、高齢者の人口が増えているため、火災によ る死者が逆に増えていくのです。お分かりになりましたか。

これに対処するにはどうしたらよいのでしょうか。

ハード面としては、住まいにおける避難経路の確保や衣類を防炎製品にするな ど、高齢者を取り巻く環境の更なる安全性の強化が大切ですが、まずは高齢者自 身と高齢者のお世話に携わる方々が、このリスクをしっかりと自覚してくださ い。「危なかった」とか「危ないな」と感じるようなことがあったら、兆候のう ちに芽を摘んでリスクを避けることが第一歩になると思われます。

参考文献：辻本　誠『火災の科学　火事のしくみと防ぎ方』中央公論新社

トチらない秘訣

カラオケで石原裕次郎やフランク永井の歌を歌ったことのある方は、御存じのことと思いますが、昔は映画館に行くと上映作品と抱き合わせで必ず「ニュース」を上映していましたよね。

そのニュースの読み方に特徴があったことを覚えていらっしゃいますか。

こんな具合です。

「雲　一つない　晴天の　もと　○○県　○○　陸上　競技場に　おいて　第　○○回　国民　体育大会　開会式が……」というように、やたらに切るのです。

どうしてでしょうか。

当時の関係者によると、「音入れの時間が限られていて、やり直しがきかないので絶対にトチらないように細切れに読んだ」のだそうです。

ここに「トチらないためのコツ」があります。カタカナ語やなじみの薄い固有名詞などトチりそうな単語は、細切れにしてしまうのです。これなら「早口言葉」でも何とかなります。思い切り細切れにして、ゆっくり発音してみてください。

13 意外な出火原因

ポイント

- 火の気がない場所でも、「収れん」により火災が発生することがある
- 特に秋から春は日光が部屋の奥まで差し込むため、注意が必要

ある秋の昼下がりのことです。一軒の住宅で火災が発生しましたが、幸い発見が早く、その家の住人により消火器で消し止められました。燃えたのは二階の寝室の隅に転がっていた黒いクマのぬいぐるみだけでした。

その火災の原因ですが、家の人は首をひねりました。燃えたぬいぐるみのそばには、出火の原因になるようなものは何もありません。部屋のドアは閉まっていて、家の人はもとより飼っている猫さえも入った形跡はないのです。窓は開いていましたが、二階の窓からよその人が入ってきたとは考えられません。

まもなく知らせを受けた消防署から、原因調査の担当者がやってきました。ベテランの担当者は火災のあった部屋をぐるりと見回して、窓辺に吊された丸い金魚鉢を見つけると「ハハーン」とうなずきました。出火の原因に見当が付いたのです。一体、何が分かったのだと思いますか？

窓辺に吊された丸い金魚鉢が凸レンズの働きをして、ちょうどクマのぬいぐるみの位置で焦点を結んだのではないかと気が付いたのです。

皆さんは小学生の頃、理科の授業で、黒く塗った紙に凸レンズで太陽の光を集める実験をした経験はありませんか？

焦点を合わせると紙は徐々に煙を上げ始め、ついには炎を上げて燃え出しましたよね。それと同じことが起こったのです。金魚鉢が凸レンズの働きをして焦点を結んだのが、ちょうどクマのぬいぐるみの位置だったのです。次の日の同じ時刻に実験をしてみたところ、間違いなくぬいぐるみのあった位置で焦点を結ぶことが確かめられまし

た。

この現象を消防では「収れん」と呼んでいます。この「収れん」による火災は、件数こそ少ないものの毎年発生しています。季節は太陽が真上から照り付ける夏よりも、太陽の角度が下がり窓から入る光が部屋の奥まで差し込む、秋以降の季節に多く発生しています。

太陽の光を集める働きをするのは、金魚鉢だけとは限りません。丸いガラスびんや化粧用の凹面鏡、ステンレス製の調理用ボールが原因になった例もあります。太陽の光を屈折又は反射して一点に集める機能を持つものなら、全て原因になるのです。

この火災を防ぐ対策ですが、

・部屋を空けるときには窓やカーテンを閉める。

・直射日光が当たる位置に金魚鉢や凹面鏡などを置かない。

などを心掛けてください。

特に秋から春にかけては、太陽の光の強さは夏ほどではないものの、部屋の奥まで光が差し込みますので注意が必要です。太陽も、とんだ「いたずら」をするものですね。

実況中継

話し方のトレーニング方法はいろいろとありますが、元ＴＢＳアナウンサースクール校長の吉川美代子さんは、その著書の中で「実況中継」を勧めています。

通勤途上、目にしたものをその場で実況中継するのだそうです。こんなふうに。

「今朝は、雲一つない日本晴れです。ハイキングにでも行くのならよいのですが、行き先が消防署なのがちょっと残念です。駅に向かって黙々と歩いているサラリーマンやＯＬの皆さんも同じことを思っているのでしょうか。ここからはうかがい知れません。犬を連れたお年寄りとすれ違いました。今日のような良い天気の日は、犬も心なしか嬉しそうです」

このように、いつも見慣れているものを描写するだけなのですが、実際に声に出して表現しようとすると思うようにいきません。どれを話そうか、どう表現しようかと考えているうちに口が止まってしまいます。

それでも何回か繰り返しているうちに、段々と言葉が口から出てくるようになります。前々回よりは前回、前回よりは今日と、徐々に進歩しているのが実感できるようになれば、しめたものです。トレーニングが楽しくなってきますよ。

14　住宅火災が一番多いのです

ポイント

- 火災が最も発生している建物の用途は、共同住宅を含む個人の住まい
- ガステーブルでの揚げ物調理や寝たばこに特に注意すること

皆さんは、火災が最も多く発生しているのは、どのような用途の建物だとお思いですか。不特定多数の人々が出入りする雑居ビルだと思われますか。それとも常に火を使っている飲食店でしょうか。

そのどちらでもありません。実は、最も火災を多く発生させているのは共同住宅を含む住宅、つまり個人の住まいなのです。総務省消防庁の最近数年間のデータによれば、火災の発生した建物の約55％が住宅です。雑居ビルは10％弱、飲食店は約２％にすぎません。

また「火災による死者」に着目すると、なんと80％以上が住宅の火災で発生しているのです。では、この住宅の火災はどのような原因で発生しているのでしょう。放火でしょうか、それともたばこの不始末でしょうか。

住宅火災の原因で一番多いのは「ガステーブル」で、その次に多いのが「たばこ」なのです。

「ガステーブル」が原因の火災のほとんどが、天ぷらなどの「揚げ物調理」によるものです。調理中又は油の加熱中に火を消さずにこんろから離れて、そのまま こんろにかかっている油のことを忘れてしまうのですね。油をこんろで加熱し続けると、たとえ火を小さくしていても油の温度は上昇を続け、そのうちに必ず発火します。電話や来客でやむを得ず調理中にこんろから離れる場合は、火を消すことを習慣にしてください。

次に多い「たばこ」ですが、その内訳を見ると最も多いのが「不適当な場

所に捨てた」とか「火種が落ちた」というものです。吸いさしをきちんと消さないまま、くずかごに捨てたり、火種が布団などの可燃物の上に落ちたことに気が付かなかったことによるものです。また、喫煙の時間帯や場所から見ると、「寝たばこ」、つまり就寝前や、起きてすぐに吸う寝具の上での喫煙によるものが多くなっています。

男性には耳の痛い話ですが、たばこが原因の火災を引き起こしているのは80％以上が男性です。特に火災による死者は、高齢者に偏っているので、高齢男性には「寝たばこ」をさせてはいけません。

住宅で火災を起こさない秘けつを男女別にそれぞれ一つずつ挙げるなら、男性は「寝たばこをしない」、女性は「揚げ物調理中に火を消さずにこんろから離れない」といえるのではないかと思います。

また、皆さんの中にはいらっしゃらないでしょうが、お知り合いで住宅用の火災警報器をまだ付けていないという方を御存じでしたら、ご自身の安全のために是非早めに付けるようにお勧めください。

冒頭にお話をしたように、最も火災が多く発生しているのは住宅なのですから。

話のコツ

なるほど、そうだったのか

池上彰さんの番組に「そうだったのか！　池上彰の学べるニュース」（制作テレビ朝日）というのがありましたよね。

この番組を見ると、核心を突いた解説によって「なるほど、そういうことだったのか」と納得できることがよくあります。

講話の題材に使う話は、努めて自分自身が「へーっ、そうなのか」とか「なるほど……」と感じたものを選びましょう。自分がそう感じたものは、人にも伝えたくなりますよね。実際、聞けば多くの人が同じように感じるはずなのです。

人は自分自身の体験に基づく話は、生き生きとリアルに語ります。同じように自分自身が「なるほど……」と感じた話も、実際の体験ではないにせよ、説得力が違います。

あなた自身が「へーっ」と感じた部分を「これは、こういうことだったのです」と分かりやすく解説すると、聞き手はうなずきながら聞いてくれます。

また、職員以外の人にとっては「へーっ」と思うような話もありますよね。

「そのときの聞き手の人たちから見たら……」という視点を忘れないようにしましょう。

15 フラッシュオーバーとバックドラフト

ポイント

- 建物火災において爆発的に激しく燃える２種類の現象
- どちらも大変危険なので、ごく初期以外の火災では逃げることを最優先する

建物火災において、ある時期に爆発的に激しく燃えることがあります。その現象は、「フラッシュオーバー」と「バックドラフト」の二つに分類されます。

「言葉としては耳にしたことがあるけど、意味まではちょっと……」という方が多いのではないでしょうか。

まず「フラッシュオーバー」から説明します。

建物の火災は一般に、たばこなどの小さな火から始まり、それがカーテンや壁を伝って天井へと拡大していきます。天井に達した火は天井一面に広がり、やがて部屋は５００度以上の高温になります。すると、その部屋の中の可燃物が加熱されて熱分解ガスが発生します。そのガスが徐々に濃くなり、爆発範囲に達すると一気に燃え出すのです。

台所のガステーブルで、火を付けずにガスをシューシューと出している場面を想定してください。しばらくしてから火を付けると、溜まったガスの濃度が低いうちなら何でもないのですが、ガスの濃度が一定以上になっていれば爆発しますよね。これと同じ理屈です。

フラッシュオーバーが起きると部屋の温度は更に上昇し、室内はもはや、防火衣を着た消防隊員ですらいられる状況ではありません。急激な燃焼に伴い部屋の空気が膨張し、窓やドアが破壊され次々に燃え広がっていきます。

一方「バックドラフト」は、酸素が不足しているために燃焼が継続しにくくなっている状況で、新鮮な空気が提供された場合に発生します。

耐火建物のような気密性の高い部屋で火災が発生すると、ある程度燃えた時点で部屋の酸素が消費し尽くされ、一旦火の勢いが弱まります。しかし、このような状況でも可燃性のガスは大量に蓄積されているのです。

このような状態のときに窓やドアを開けると、それまで断たれていた酸素が一気に供給されるため爆発的に燃焼が再開します。

勢いが衰えた「かまどの火」をうちわであおぐと、再び勢いよく燃え出しますよね。それと同じ理屈です。

「フラッシュオーバー」にせよ「バックドラフト」にせよ、それほど激しく燃えているようには見えない状況から、いきなり爆発的に燃え出すので大変危険な現象であり、これまでにも多くの消防隊員の命が奪われています。

火災に遭遇したら、ごく初期の場合を除き、とにかく逃げることを最優先にしてください。

参考文献：辻本　誠『火災の科学　火事のしくみと防ぎ方』中央公論新社

話のコツ

笑いを取るなら自虐ネタで

講話の合間に、笑いを取るようなエピソードを挟むのは効果的です。ただし、同僚や後輩の失敗をネタにした話は避けた方が無難でしょう。

本人同士は至って親しく、笑って済ませるような間柄でも、聞き手にとって他人の失敗を笑う話は、決して感じの良いものではありません。ましてネタになっている人が、その場に居合わせている場合はなおさらです。

どうせなら、自分の失敗を笑ってもらいましょう。

例えば

「お寺での行事に出席したのですが、慣れない正座で足がしびれてしまい、皆の見ている前で見事にひっくり返ってしまったのです」とか「現場に出場した際に、どうも皆の態度が変だと思っていたら、間違って隊長のヘルメットをかぶっていたのです」というように……。

このような話なら、聞き手も笑顔でうなずいてくれますよね。

第3章
地震

1　とっておきの水がめ

ポイント

- 震災時、水道の復旧には時間がかかってしまう
- 普段からお風呂の浴槽を「水がめ」として使うのがお勧め

皆さん、人間が生きていくために何よりも必要なもの、それは「水」ですよね。「愛」がなくても生きていける人はいるかもしれませんが、「水」がなくても生きていける人はいません。

今日は「水」の備蓄についてのお話です。

大きな地震が発生すると、電気や電話、ガスや水道は、まず止まるものと思ってください。その場合、配線だけで送ることができる電気に比べ、配管工事が必要なガスや水道は復旧に長い期間が必要です。

阪神・淡路大震災を例にとると、復旧までにかかった期間は、電気が7日、電話が15日だったのに対し、ガスは85日、水道は91日もかかりました。

電気や電話やガスはなければないで何とかなり

ますが、水はどうしても必要です。

しかも、コンビニのペットボトルはすぐなくなるし、道路が寸断された状態では応援物資も満足に届きません。ようやくやってきた給水車に、長蛇の列ができるのは被災地の常です。水は、震災対策として備蓄が必要な物のリストの中でも筆頭に挙げられるでしょう。

今、皆さんの住まいは阪神・淡路大震災の頃と比較すると、相当丈夫に作られています。

また、ガスの自動遮断装置も普及していますので、火災の発生も以前ほど多くはならないと考えられています。

したがって多くの皆さんは、大地震の後しばらくの間、自宅で備蓄品をやりくりしながらの籠城生活を送ることになります。そうなると、インフラの

復旧まで飲料水としてはもちろん、トイレ、洗面、洗浄等に相当量の水が欠かせません。これらの水を全てペットボトルで賄おうとすると大変な数を備蓄しておかなくてはなりません。

そこで対策ですが、「お風呂の浴槽を水がめにする」これがお勧めです。

家族の入浴が終わったら、その場で浴槽をきれいに洗い、水を張っておくのです。

次にお風呂を沸かすときは「追いだき」機能を使います。「自動お湯はり」等の機能で沸かすより多少時間がかかりますが、習慣になってしまえば、どうってことはありません。こうすれば浴槽一杯分、約２００Ｌの水が常時備蓄されていることになります。２Ｌ入りのペットボトル換算で何と１００本分です。しかも場所を取りません。飲料水としても問題はないと思いますが、「飲むのはちょっと……」と思われる方は、飲料水以外の用途に限定しても大いに有効なものと思われます。

是非、参考にしてみてください。

「間」を取る

噺家（はなしか）やアナウンサーの話は分かりやすいですよね。よく聞くと、単語一つひとつの発音がはっきりしているのはもちろんですが、上手に「間」を取っていることがよく分かります。

「間」を取ることで聞き手にとっては、一つひとつの単語のつながり、文章と文章のつながりが整理しやすくなるのです。

この「間」の取り方ですが、文章を読み上げる場合でいえば、ゆっくり読むことと、句読点、すなわち「、」や「。」のところで音を下げるのがコツです。

「私は、（↘）……」

「……だと思います。（↘）」という具合です。

もうひとつは、文章をできるだけ短くすることです。

主語と述語が分かりやすくなるのと同時に、文章が短くなればその分「。」が増えて、それだけ「間」を取ることになるからです。

慣れてくれば、必要以上に長い「間」を取って「あれ、どうしたのかな？」とよく聞いていない人の注意をこちらに向けるという「技」も使えるようになりますよ。

2 近所付き合いがモノをいう

ポイント

- 大きな災害では、消防が全ての現場に対応することは不可能
- いざというとき助け合うため、近所付き合いは大切

阪神・淡路大震災のときに実際にあったお話です。

いつも窓際で、道行く人に笑顔を振りまいていたおばあさんがいました。地震で家が潰れてしまったのですが、近所の人が「あの窓の辺りにいるはずだ」と、すぐに潰れた家の下からおばあさんを助け出したのだそうです。

一方、近所付き合いの全くなかった単身赴任のお父さん。借りていた家が潰れたのですが、近所の人はその家にどんな人が住んでいるのかさえ知りません。何日も経ってから、潰れた家の下での死亡が確認されました。

大きな災害の場合、消防は全ての現場には、とても対応しきれません。

そんなとき、地域の人と人とのつながりが大きな力を発揮します。

阪神・淡路大震災では、助け出された人の77％が家族や隣近所の人によるものでした。

消防、警察、自衛隊などによって助け出されたのは、わずか19％でしかありませんでした。

特にそれが顕著だったのは、淡路島のとある町でした。建物の30％以上が全半壊したにもかかわらず、死者が少なかったのです。全壊家屋で死者を出した割合を神戸市と比較すると10分の1という少なさでした。

その町は、日頃の近所付き合いがとても盛んなところで、隣の家のおばあちゃんがどの部屋で寝ているかまで皆知っていたため、倒壊家屋での素早い

救助活動につながったのです。

町のあちこちで発生した火災に対しても、地元の消防団を中心にほとんどボヤのうちに消し止めてしまったのだそうです。

都市部ではなかなかそうはいきません。近所付き合いが少ない上に、ほとんどの人が勤めに出ています。マンションやアパートでは、「隣の人の顔さえ知らない」という人がいるほどです。

でも、家にいる奥さんだけでは、できることは限られていますよね。ましてや小さな子どものいる共働きの家庭ではなおさらです。会社にいる親は何もできません。

普段からできるだけ、隣近所の方々と仲良くしておいてください。「煩わしい」などと言わないでください。いざというときに頼りになるのはご近所の方々なのです。

参考文献：山村　武彦『大震災　これなら生き残れる』朝日新聞社

話のコツ

ボディーランゲージ

どんなに上手に話しても、話だけでは、なかなか注意を引き付け続けるのは難しいものです。話をするときはできるだけ「動き」を入れてください。

人の目というものは、動いている物に引き付けられます。

ぼんやりと景色を眺めているとき、視野の中に動いている鳥や動物がいると、必ず目に留まりますよね。

それから、「動き」はできるだけ大きくしましょう。

噺家の所作の定番に、そばを食べる場面や、酒を飲む場面があります。

実にうまそうに演じますよね。そう、あれです。

かなり大げさな動作ですが、そうは見えません。

身振りや手振りというのは、自分ではかなり大きくしているつもりでも、はたから見ている分にはそれほどでもないのです。思いっきり大きな身振り手振りを心掛けましょう。話の内容によって、身振り手振りがなじまないのなら歩き回るだけでも結構です。直立不動は「点検」のときだけにしてください。

3 「活断層」って何？

ポイント

- 活断層による地震は揺れが大きく、いきなり起こるなどの特徴がある
- 対策は難しいが、被害軽減のため転倒落下防止措置などの備えをしておく

阪神・淡路大震災もそうでしたが、日本は過去に何度も直下型の地震、すなわち活断層による地震に見舞われています。

では、この「活断層」とはどういうものなのでしょうか。

東日本大震災などの海洋型の地震は「日本列島の下に沈み込んでいるプレートにゆがみが蓄積され、そのゆがみが解放されることによって起きる」と新聞やテレビなどで解説されていますよね。

実はそのプレートは日本列島そのものにも力を加えていて、その力によるゆがみが各地の断層により解消されているのです。一枚の紙を両端から強く引っ張ると、いずれ二つに裂けますよね。その裂け目が断層なのです。

日本列島に加えられているプレートによる力は、数十万年前から現在と同程度だったと考えられています。そのため数十万年前以降に生じた断層はゆがみを解消するためにいつか再び活動するはずなのです。それを「活断層」と呼ぶのです。

もう一度「紙を引っ張る」例でいうなら、紙の一部に裂け目があれば、引っ張ると必ずその裂け目から破れていきますよね。その裂け目が活断層なのです。

活断層による地震の特徴の一つは、その直上部での揺れがすさまじいことです。通常の揺れなら十分耐えられるはずの耐震設計も、あてにならないかもしれません。阪神・淡路大震災のときにも石灯籠が地表に引きずられた痕跡を残さずに数ｍも離れたところまで

飛んでいった例が報告されています。このようなことから、原発やダムは活断層の上には建設してはいけないことになっているのです。

二つ目の特徴は、激しい揺れがいきなりやってくることです。震源が直下であるために「緊急地震速報」もほぼ役に立たないといわれています。

三つ目の特徴は「いつ起こるか」の予測が難しいことです。活断層の活動間隔は数千年から数万年といわれています。阪神・淡路大震災を引き起こした「野島断層」も活断層であることは分かっていましたが、同時に「活動の発生率は極めて低い」といわれていました。それでも阪神・淡路大震災は起きたのです。プレートの応力と密接な関係があるので、海洋型地震の発生に誘発されて断層が動くことも考えられるのだそうです。

このように対策の難しい「活断層地震」ですが、たとえ万全ではなくても転倒落下防止措置などできるだけの備えは講じておきましょう。

備えがあれば被害は必ず軽減されます。

参考文献：鈴木　康弘『活断層大地震に備える』筑摩書房

話のコツ

「えー」「あのー」は直すべき？

プロのアナウンサーでもない限り、多少の口癖は誰にでもあるものです。

例えば、話し始めるときの「えー」とか「あのー」です。思い当たる方、結構いらっしゃいますよね。

でも、大切なのは話の中身です。聞きづらいほど多用しない限り、あまり気にする必要はありません。

そうはいっても、意地の悪い先輩に「えー」「あのー」を何回口にしたかを数えられるのも癪（しゃく）ですよね。

そこで、できることなら直したいとおっしゃる方に良い方法をお教えしましょう。

口元に笑みを浮かべて、軽くうなずくのです。この動作をきっかけに話し始めてみてください。「えー」や「あのー」が口癖の方は、オーケストラの指揮者がタクトを構えるように、何かきっかけが必要なのです。

少々練習が必要かもしれませんが、じきにイントロなしで話し始めることができるようになります。ぜひお試しください。

4 「帰宅困難者問題」は何が問題なのか

ポイント

- 自宅へ帰ろうとする「集団的移動行動」が二次的災害を引き起こしてしまう
- 安全に帰宅できる状況になるまでは帰らないことを共通の認識にしておく

東日本大震災で、首都圏における「帰宅困難者問題」が課題として大きくクローズアップされましたよね。3月11日の夕刻から翌朝にかけておよそ200〜300万人の帰宅困難者が発生したといわれています。

ここで何が問題にされているのかというと、「自宅に帰るのが大変だった」というものです。しかし、それは「困った」ということであって、それ自体が生命、身体を脅かす問題とはいえません。

本来、問題にすべきなのは帰宅が困難な状況にありながら、なお自宅へ帰ろうとする「集団的移動行動」と、そのことが引き起こす二次的災害なのです。

問題の一つは渋滞という交通機関の混乱を引き

起こすことです。

東日本大震災でも首都圏の幹線道路では、帰ろうとする車と迎えに行く車で下り車線ばかりか上り車線までもが大渋滞となりました。その結果、消防、警察、その他の緊急車両が移動できないという事態が生じました。災害や犯罪対応、病人、けが人の搬送が非常に困難になったのです。

次は「火災」と「群衆雪崩」です。

都市部が大きな地震に見舞われた場合は、延焼火災の多発が懸念されています。道路上をぎっしりと歩いている人たちが火に囲まれてしまったら、どうなるでしょうか。

また、帰宅しようとしている方向で火災が発生すれば、そこから逃れようとする人たちによる逆方向の流れが生じ、双方がぶつかることになります。

もしこれが郊外への道の随所にある橋の上だとすれば、兵庫県明石市で発生したような「群衆雪崩」となる可能性が極めて高いと言わざるを得ません。

「火災」と「群衆雪崩」の発生の可能性を考えれば、地震時における「集団的移動行動」は、最も避けるべきことであるといえるでしょう。つまり、被害をできるだけ軽減するために求められる行動は、帰宅困難な状況にあっては「帰宅すること自体を避ける」ことなのです。

そこで各自治体では、地域内の各企業に対し、社員を一斉に帰宅させないように呼び掛けています。これには法的な拘束力はありません。あくまでも本人の安全のためです。

会社にいるときに大地震に見舞われた場合は、たとえ無事であったとしても「安全に帰宅できる状況になるまでは、すぐには家に帰れない」ということを、皆さんの家庭でも共通認識として持っておいてくださいね。

参考文献：遠藤 薫編著『大震災後の社会学』講談社

話のコツ

大変よくできました

人間、誰でも褒められるとうれしいものですよね。

でも、大人は滅多なことでは、褒めてもらえません。

講話の聞き手、訓練の参加者も同じです。努めて褒めてあげてください。褒められた経験の少ない人ほど、特にお年寄りはとても喜んでくれます。

例えば、通報訓練でモデルになって疑似通報をしてくれた方には

「大変よくできましたね」「皆さん、拍手してあげましょう」と……

また、消火器の訓練に進んで手を挙げてくれた方には

「お上手ですね、完璧です」と、大げさに褒めましょう。

講話で質問があった場合も

「いい質問ですね」と池上彰のセリフで褒めてください。

褒められた参加者が喜ぶのはもちろんですが、何より場の雰囲気がとても良くなりますよ。

5　意外に厄介な火山灰

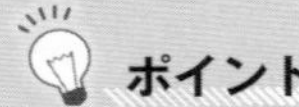

- 火山灰は木材の灰と全く性状が異なる、ガラスの破片のようなもの
- 厄介な被害を軽減するため、家庭でも防じんマスクなどを準備しておく

日本は「火山の国」といわれていますよね。皆さんの中で噴火を目の当たりにした方はいらっしゃいますか？　一部の地域を除き、あまりいらっしゃいませんよね。

ところが最近「大きな地震があると、それと連動して火山が噴火する」との報道が目に付きます。実際「火山は大きな地震の前後に噴火するケースが多い」というのが研究者の通説のようです。現に木曽の御嶽山の噴火から2年9か月後の平成29（２０１７）年6月に、長野県南部で震度5強の地震が発生しています。

富士山も、江戸時代の１７０７年「宝永噴火」と呼ばれる大きな噴火を起こしました。この噴火は同年の東海・南海地震の発生から49日後だったのです。また海外に目を向けると、平成２（１９９０）年フィリピンのルソン島での地震の翌年、ピナトゥボ火山が大噴火を起こし、地球レベルで環境に大きな影響を与えました。そして平成23（２０１１）年3月11日、日本では未曽有の大地震だといわれた「東北地方太平洋沖地震」が発生しました。

もし、富士山が噴火したら、地元では溶岩流や噴石による大きな被害が予想されますが、火山灰による被害は地元のみならず、中部・関東地方を中心に非常に広い範囲に及ぶものと予想されています。

その火山灰ですが、木材や炭の灰とは全く性状が異なります。燃えかすではなく、岩石が細かく砕かれたもので、言わば小さなガラスの破片なのです。そのため次のような厄介な被害が想定されます。

・人体には、目に入ると角膜を傷つけ、長期間吸い込むとじん肺になるおそれがある。

・住まいやその周辺では、水に濡れると漆喰（しっくい）のように固まるので、水で流して除去できない。また、屋根に積もった火山灰が雨で濡れると、重さで家が潰れるおそれがある。
・パソコン等の電子機器には、細かい粒子が入り込み使えなくなる。
・交通には、路面が滑りやすくなるため高速道路が使えなくなる。また、飛行機も飛べなくなる。

等の甚大な被害が予想されます。

皆さんの家庭において準備しておくものとしては
・体内に灰を入れないための防じんマスクやゴーグル
・灰を取り除くためのスコップと灰を詰める土のう袋
・家の窓やドアのみならず換気口などを目張りするためのシートやテープ類

が挙げられます。

意外に厄介ですよね。でも備えがあれば被害は必ず軽減されます。少しずつでも備えておきましょう。

参考文献：鎌田　浩毅『富士山噴火』講談社

話のコツ

マイクは４本の指で

講話の際には、マイクを使うことが多いと思います。ピンマイクを除き、マイクは努めて手で持ちましょう。マイクスタンドの前では、どうしても直立不動の姿勢になってしまいます。マイクを手にするだけでもアクセントになりますし、何より体の移動が自由になってリラックスできます。

マイクを手にするときは、カラオケのときのように小指を除く４本の指で軽く握ってください。「キザだ」などとは誰も思いません。５本の指でしっかり握ると、それだけで肩に力が入って良く通る声が出にくくなるのです。

もう一つはマイクとの距離です。

マイクを口に近づけすぎると、声が割れたり耳障りな息遣いまで拾ってしまいます。口元から10～20cm くらいの距離を保って、普通のボリュームで話せば十分です。

カラオケで歌のうまい人は、皆さんマイクの使い方も上手ですよね。今度カラオケに行く機会があったら、歌だけではなくマイクの上手な持ち方、使い方も研究してみてください。

その熱心さが「講話の達人」を生むのです。

6 釜石の奇跡

ポイント

● 釜石市の小中学生の見事な避難活動は「釜石の奇跡」と称賛された
● 津波の警報があったら直ちに逃げるという熱心な教育がこの奇跡を生んだ

平成23（2011）年3月11日の東日本大震災では、死者・行方不明者が2万人近くに上りました。この中には数多くの子どもたちも含まれており、なかには避難が遅れて全校生徒の約7割が犠牲になった小学校もありました。

岩手県釜石市でも死者・行方不明者は1000人を超えましたが、市内の小中学生に限っていえば学校を休んでいた5人を除く2921人全員が無事でした。この子どもたちの見事な避難活動は「釜石の奇跡」と呼ばれ、国内はもとより海外でも称賛されました。

では、この「奇跡」をもたらした釜石市の防災教育とは、一体どのようなものだったのでしょうか。

度々津波に悩まされてきた釜石市では、平成16

（２００４）年から「津波被害者ゼロ」を目指して市内の全ての小・中学校で防災教育に取り組んできました。その指導に当たったのが群馬大学の片田敏孝教授（当時）です。

この取組を始めて、片田教授が最初に気付いたことがあります。それは「地震が起きたり津波の警報が出たら、君たちはどうするの？」という問いに対し、子どもたちは「僕は逃げないよ」と答えたのです。

「どうして逃げないの」と聞くと「だって、お父さんもおじいちゃんも逃げないから」という返事だったのです。三陸の津波は「来るかもしれない」ではなく「数十年から百年の間に必ずやってくる」災害です。にもかかわらず逃げない大人の方が多いのです。これでは子どもが逃げるはずがありません。

このことを踏まえて片田教授は、まず「大人たちよ、子どもを守りたかったら襟を正しなさい」「子どもたちに模範を示しなさい」という働きかけから始めました。

また、子どもたちには「おじいちゃんが『逃げない』って言うのは、おじいちゃんは津波で死んだことがないからだよ」「おじいちゃんの言うことは大抵正しいけれど、地震のときだけは『おじいちゃんが間違っている』と言って君たちが連れて逃げるんだよ」と言い聞かせたのだそうです。

三陸地方には「津波が来たら、皆それぞれが自分だけは逃げなさい」という意味の「津波てんでんこ」という言い伝えがあります。その意味についても、片田教授は、「『おじいちゃんや兄弟を放っておいて皆が勝手に逃げなさい』という意味ではなく、『僕やおじいちゃんや兄弟が離れていても、それぞれが自分の判断で逃げている』ことが分かっていれば『お父さんやお母さんも安心して逃げられる』という意味なんだよ」と教えたのだそうです。

これらの熱心な教育の成果が「釜石の奇跡」を生んだのです。

参考文献：片田　敏孝『命を守る教育―3・11釜石からの教訓』ＰＨＰ研究所

話のコツ

三つのポイント　～「三」という数字の持つ魔力～

講話や訓練を始めるに当たっての説明で「大切なポイントが三つあります」と、要点を三つに絞って示しておくと聞き手は引き付けられます。「三つなら……」と思えるのです。これが五つ以上になると、聞く前から嫌になってしまいます。

また「三つあります」と聞くと、聞き手は「この人は要点をきちんと整理して説明してくれている」という印象を持つのです。

「三つ」で引き付けてさえおけば、もうこちらのペースです。実際は三つでなくてもよいのです。四つ目があれば、「実はもう一つ忘れてはいけないポイントがあります」と言って付け加えれば、何の違和感もありません。

この「三つ」の効用は講話や訓練の場合に限りません。ポスターなどのコピーを作るときにも参考になります。さらには昇任試験の論文にも「若い職員の育成に当たり、心掛けなければならない三つのポイントがあります」などと使えば効き目がありますよ。

「三冠」とか「三種の神器」というように、日本人は「三つ」が好きですよね。「三」という数字の持つ魔力といってもよいと思います。この魔力を利用しない手はありません。

7　緊急地震速報 ―その10秒が命を救う―

ポイント

- 緊急地震速報により、大きな揺れが来る前に地震を知ることができる
- 限られた時間だが、いかに命を救う行動をとるか訓練しておくのが大切

大地震を何とか事前に予知できないものかと、国を挙げて研究しているのですが、まだまだ正確な予知は難しいのが現状のようです。

地震の予知はまだできませんが、発生した地震の大きな揺れが来る前に「地震が来るぞ」と知ることはできます。それが「緊急地震速報」です。

地震ではP波と呼ばれる小さな揺れとS波と呼ばれる大きな揺れが同時に発生します。P波とS波は伝わる速度が異なり、P波は1秒間に約7㎞、S波は約4㎞の速さで伝わります。この伝わる速さの違いを利用して、大きな揺れを伴わないP波をキャッチした時点で「もうすぐS波、すなわち大きな揺れがやってきますよ」という警報を出すのが「緊急地震速報」です。

例えば池に石を投げ込みます。まず「ドボン」

という音が聞こえて、次に水面を伝わって波が来ますよね。大雑把にいえばこれと同じ理屈です。

1秒間に7㎞のP波と1秒間に4㎞のS波との速度の違いにより、どのくらいの時間が稼げるのかといえば、震源までの距離が100㎞の場合、緊急地震速報を聞いてから大きな揺れが来るまで約10秒です。震源の位置がもっと遠ければ遠いほど長くなりますし、逆に直下型の地震のように震源が近い場合は、時間差はほとんどありません。

10秒と聞くと、短く感じますよね。もちろんいろいろな準備を整えるには短すぎますが、とりあえず頭を守ったり、子どもを安全な位置に移動させたり、窓やドアを開けて避難経路を確保することは十分できます。その10秒が命を救ってくれるかもしれません。気

象庁は緊急地震速報を聞いたときの対応は「周囲の状況に応じて、慌てずに、まず身の安全を確保することが基本です」としています。

屋外では、窓ガラスなどの落下物を避け、そばにしっかりした建物があれば、中に逃げ込んだ方が安全でしょう。海岸に近い場合は、津波に備えて高台や建物の高層階に避難しましょう。また、車の運転中は、ゆっくりと減速して道路の左側に止めてください。

次に緊急地震速報の受信端末ですが、家庭用の簡単なものとしてはラジオの放送で緊急地震速報が流れたときにだけ拡声される受信機をホームセンター等で売っています。また、各社の携帯電話でも受信できます。

いずれにしても、限られた時間で慌てず落ち着いて行動することが求められます。

速報が出るからといって安心するのではなく、自宅や職場又は屋外などで受信した場合を想定した訓練を繰り返しておくことをお勧めします。

話のコツ

アイコンタクト

「どこを見ながら話せばよいのか？」という質問を、よく耳にします。

「一定の人に偏らないように、公平に視線を向けて」と書いてある本もありますが、難しいですよね。そんなことを気にしていると、かえって話が「ぎこちなくなる」だけです。

ここでは、「よく聞いてくれている人を見て話しましょう」としておきます。とりあえずは、関心を持ってくれている人だけを相手にすればいいのです。

全員とは言わないまでも何人かは、あなたの目を見ながら熱心に聞いてくれているはずです。その人たちの目を順番に見ながら語りかけるように話してみてください。

その方が話しやすいですし、気分も乗ってきます。実はこの「乗り」こそが大切なのです。乗っている話し手の話は、説得力が違います。引き付けられるのです。

そうなると、今まで興味なさそうにしていた人までも、いつの間にか熱心に聞いてくれていますよ。

8 クラッシュ症候群

ポイント

- 手足を長時間圧迫されると、救助されてもクラッシュ症候群となることがある
- クラッシュ症候群がなぜ起きるかを知り、救助するときには気を付けること

阪神・淡路大震災では6400人以上の死者が出ましたが、このうちなんと80%以上が圧死、つまり倒壊した建物等につぶされたり挟まれたりして亡くなったのです。

でも、もし平常時と同様に素早く救急医療を受けられたなら、このうち少なくとも500人は助けられたのではないかといわれています。

治療が遅れた原因の一つは「クラッシュ症候群」に対する一般の認知が低かったことが挙げられます。

「クラッシュ症候群」は阪神・淡路大震災では病院搬送後の死因の第一位で、柱や壁などに四肢が挟まれている間は元気なのですが、助け出された後、急激に容体が悪化してしまいます。なぜこんなことが起こるのでしょうか？

四肢が挟まれて強く圧迫されると、筋肉や組織の細胞が破壊され細胞中のカリウムやミオグロビンが出てきます。これらは、挟まれている間は、血液の流れが阻害されているため全身に回ることはありませんが、助け出されて圧迫が解除されると、血液とともに全身を流れ始めます。

カリウムは高濃度になると心臓を停止させる働きがあり、ミオグロビンは腎臓にあるろ過装置の細い血管などを詰まらせて機能を失わせます。この結果、助け出された後に急激に症状が悪化し、場合によっては死に至るのです。

気を付けなければいけないのは、圧迫されている部位が手足であるため意識や呼吸もあり、挟まれている部位は麻痺しているので負傷者が痛がっていないことから、一見軽傷と判断されてしまうことです。

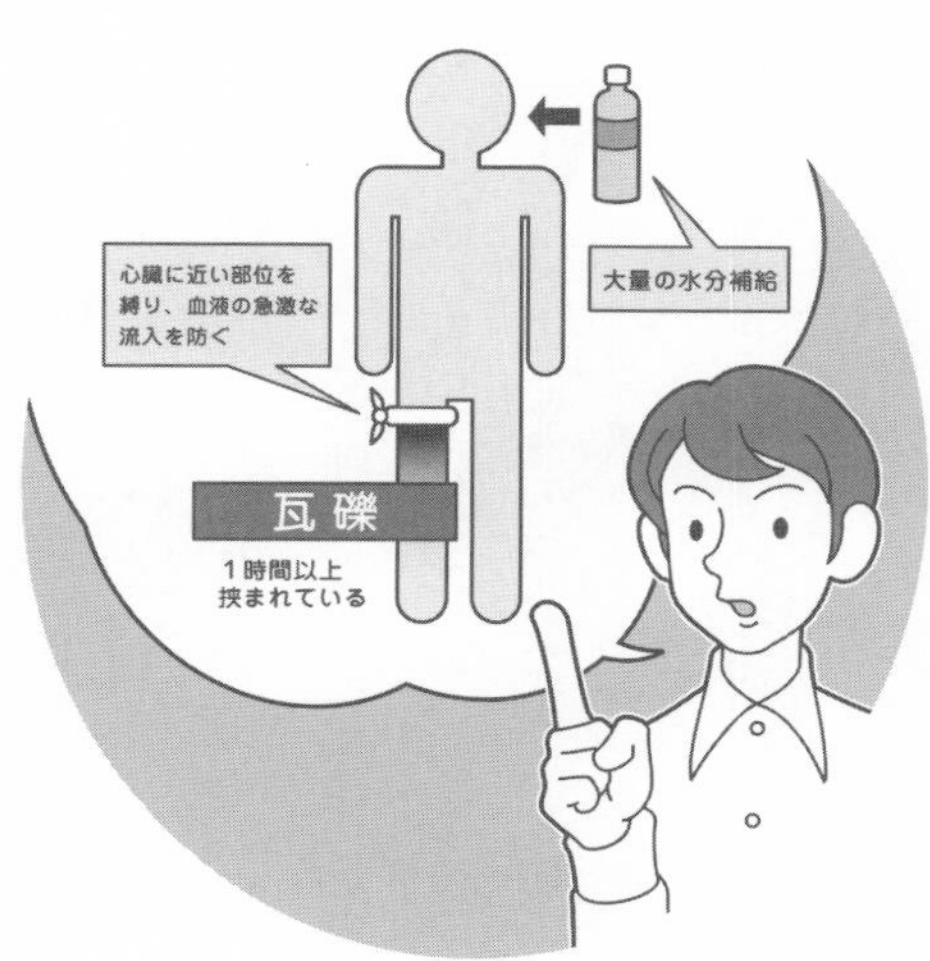

この結果、救急隊員や医師でさえも、骨折や出血又は意識障害のある負傷者を優先しがちで、救助したときには既に手遅れということが多いのです。

こうした悲劇を生まないためにはどうしたらよいのでしょうか?

阪神・淡路大震災の現場で多くの人の治療に当たった医師によると、「手足を1時間以上挟まれていた人を救出した際には、心臓に近い部位をゴムバンドやタオルなどでしっかり縛り、手足部分から体の中心部への血液の急激な流入を防いでほしい」と説明しています。

ちょっとした知識で家族やご近所の人の命を救うことができるかもしれませんね。

話のコツ

キャッチフレーズ

西欧人、特にアメリカ人が自己紹介をするときに、自分の氏名を名乗った後で「コール・ミー『ケン』」などと、よく言いますよね。「親しく愛称で呼んでください」ということです。その方が印象は強くなりますよね。

講話の際の自己紹介でも「コール・ミー……」はともかくとして、役職と氏名に何か一つキャッチフレーズを付け加えると聞き手の受ける印象が強くなります。

自分の趣味や職場でのあだ名、見た目の特徴など何でも結構です。

例えば「皆さんこんにちは。今日の訓練のインストラクターをさせていただく、○○消防署の△△と申します」の後に「趣味で柔道をやっておりまして、『講道館の四天王』ではなく『講道館を知ってんの？』と呼ばれておりました」とか「この見た目から『ちびまる子ちゃん』と呼ばれています」あるいは「どうでもよいことですが、まだ独身です」などなどです。

ただし、あくまでも自己紹介の一部ですから力を入れるのは、ほどほどにしてくださいね。

9 揺れない？ 津波地震

ポイント

- 「津波地震」は小さな揺れでも大津波を引き起こす特殊な地震である
- 揺れが小さくてもとにかく津波に備えて逃げるのを習慣にすることが命を守る

明治29（1896）年6月、三陸地方を巨大な津波が襲い、2万2000人以上の住民が犠牲になりました。死者の数では、先の東日本大震災をしのぐものでした。

実は、この津波を引き起こした明治三陸地震は「震度3」と、揺れはそれほど強くありませんでした。しかし、地震発生から約30分後に大津波が襲ってきたのです。

この地震を解析した金森博雄・カリフォルニア工科大学名誉教授は、揺れが小さくても大きな津波を発生させる特殊な地震だったことを見つけ、昭和47（1972）年にこのような地震を「津波地震」と名付けました。

普通の地震では、地下の破壊が毎秒3㎞程度と早く進み、人が揺れとして感じやすい短い周期の地震波エネルギーをたくさん出します。一方、地下での破壊がゆっくり進むと、周期の長い地震波が多く出され、小刻みな揺れは感じにくくなると考えられています。

海で地震が起きると、断層のずれで海底が持ち上げられます。広い面積の海底が上がると、その上にある海水も一緒に持ち上げられ、沿岸に押し寄せて津波となります。地下の破壊がゆっくりであっても、海底の隆起が大きければ、多くの海水が持ち上げられて、地震の揺れは小さくても大きな津波が起こります。

「津波地震」は、沖合の海溝の近くで発生します。海溝付近では、プレート上に乗っていた軟らかい堆積物が、プレートと一緒に地中に沈み込んでいくと考えられています。海と陸のプ

レート同士の間には軟らかい堆積物が挟まっているため、これがクッションの役割をしてゆっくりとした破壊になりやすいとも考えられています。

政府の地震調査委員会は、三陸沖から房総半島沖の日本海溝付近では、どこでも「津波地震」の発生するおそれがあると指摘しました。

西日本の沖合の「南海トラフ」でも、「津波地震」の発生のおそれがあると専門家は考えています。

東日本大震災の最大の教訓は、大津波が襲ってきそうなときはとにかく高いところに逃げるということでした。しかし、揺れの小さい「津波地震」では、地震発生後3分で出す津波の予測が小さく見積もられるおそれがあります。気象庁では沖合の津波計などで実態が分かれば直ちに警報を切り替えるとしていますが、そのときに避難を開始しても間に合わないかもしれません。

たとえ揺れが小さくても「揺れたら逃げる」を習慣にすることが、確実に命を守ることにつながるものと思われます。

「空振り」を「無駄」と思わずに、ひたすら繰り返し続けることができるかどうかが、運命を分けることになるでしょう。

密かな楽しみ

「話し手は満遍なく、聞き手の皆さんを見回しながら……」と、どの本を見ても書いてあります。でも控えめな方には、なかなか難しいですよね。

「目と目が合うと、つい視線をそらしてしまう」

「なかなか顔を上げられず、つい手元の原稿に目が行ってしまう」という方もおられると思います。

そんな方は、この方法をお試しください。

それは「聞き手の中から一番の美人を（もし、あなたが女性なら一番のイケメンを）探す」のです。

人間は目的があると、ゆっくり見回せるものなのです。

しかも、目的はともかく話し手がゆっくりと見回している態度は、はたから見ると、とても落ち着いているように見えるのです。控えめの方、アガリ気味の方は、ぜひお試しください。

ただし、種明かしはしない方が無難ですよ。「密かな楽しみ」にしておきましょう。

10　過去の大震災の教訓―生かされたものと生かされていないもの―

ポイント

- 過去の教訓を生かし、震災時のトイレ対策がとられるようになった
- 一方、道路上に車があふれることの危険性については認識が不足しがち

日本は昔から何度も大きな地震に襲われてきました。そしてその都度、被害を大きくしないための教訓が残されていますが、その教訓が見事に生かされた場合もあれば、残念ながら全く生かされなかった場合もあります。それぞれの例をお話ししましょう。

関東大震災では、何と当時の東京市の人口の半分以上の１３０万人もが避難民になりました。

政府は広い公園等にバラックやテントを建てて、彼らを住まわせました。このとき大変だったのがトイレです。

当時は下水がなく、にわか作りのトイレは容量も小さく、たちまち使用できなくなりました。人々はやむを得ず外で用を足すようになり、避難所の周辺はすぐに排せつ物であふれてしまいました。

そのような不潔な環境下で感染症が発生し、赤痢、腸チフス、その他の感染症を合わせて約1万4300人がかかり、1800人以上が亡くなったのです。

東日本大震災でも、トイレが不足し感染症の流行が危惧されましたが、行政が「新聞紙の上で用を足し、ビニール袋で密封して1か所にまとめておく」よう指導し、またマスクの配布に努めた結果、なんとか事なきを得ました。教訓が生かされた例といえるでしょう。

一方、江戸時代、町はしばしば大火に見舞われ幕府は対策に腐心しましたが、最も危険な物は、避難者が家財道具を積んで運ぶ大八車と断定しました。

それらの大八車は、避難に、また延焼の遮断に有効な道路を塞いで、「火

消し」と避難者の動きを妨げ、更には積んだ荷物が延焼媒介物になり火災を大きくしていることに気が付いたのです。

そこで幕府は出火時に大八車を出す者を厳罰に処することとし、本人はもとより名主をも処罰する旨のお触れを出しました。

それなのに関東大震災では、この教訓が生かされることなく家財を積んだ荷馬車や大八車に対し何ら規制をしなかったため、それらが道路や避難場所にあふれ、延焼媒介物となって火災が拡大していきました。地震としては同規模の安政2（1855）年の大地震のときと比較すると、出火件数はほぼ同じなのに焼失面積は関東大震災の方が19倍というすさまじさでした。

現代の大八車は自動車です。しかもガソリンを積んでいます。一般に「自動車は燃えにくい」と思われていますが、一旦燃え始めると激しく燃え続けます。このことについて一般の市民、また行政も認識が不足しているように思えます。

道路上にあふれた自動車は、「渋滞を引き起こすだけでなく、火災の延焼媒介物でもある」ことを、行政も私たちも強く認識する必要があるでしょう。

ボリューム調整

ちょうどよい声の大きさは、会場の規模、屋内なのか外なのか、マイクを使う場合はスピーカーの位置等によっても、それぞれ違ってきますよね。

前もって調整できない場合は、一番後ろの人がよく聞き取れるボリュームにしましょう。

「一番後ろのあなた、聞こえますか」と確認するのも、注意を引きつける効果もあってお勧めです。

また、いくら最適なボリュームで話していても、ずっと同じだと聞き手は集中しにくいものです。状況に応じて強弱を付けましょう。

強調したいところでボリュームを上げるのはもちろんですが、逆にボリュームを下げることで効果を上げるテクニックもあります。

その一つは「少し聞き取りにくいくらいの小さな声で話し始める」ことです。

よく聞き取れないと、聞き手は「おや、何だろう」と身を乗り出します。こうしておいてから、普通のボリュームに戻すのです。一度、試してみてください。

11　津波てんでんこ

ポイント

- 家族がお互い逃げていると信じて、ばらばらに逃げることで助かる確率が上がる
- 「津波てんでんこ」は三陸地方の経験に基づく、重い選択である

東日本大震災の報道で何度も取り上げられた、遠藤未希さんを覚えていらっしゃいますか。宮城県南三陸町の職員として、最後まで住民に避難を呼びかけ続けました。

実は、宮城県の作ったハザードマップでは、南三陸町に津波が押し寄せた場合の最高水位は6・7mと想定されていました。つまり防災庁舎の3階以上の高い場所にいれば、被災は免れる想定だったのです。しかし、結果的に津波は屋上まで達してしまい、屋上にいた職員も流されてしまいました。

美談に水を差すつもりはありませんが、遠藤未希さんもおそらくは、あくまでも自分の命が想定上助かるはずだと信じて職務を続けたのではなかったかと思うのです。

ハザードマップに基づく訓練では、マップ上の安全な地域へ避難することを繰り返し行います。したがってハザードマップをよく知っている人、真面目に訓練を繰り返した人ほど、マップ上浸水しない場所として示されている場所（建物内）にいれば安全であると刷り込まれてしまうのです。

今後の対策として求められるのは「想定」を大きくすることではなく、「想定を超える場合があり得る。そのときはどうすればよいのか」を念頭に置いた計画をたて、柔軟に行動できるような訓練を行うことではないでしょうか。

もう一つ大切なことは、家族同士がお互いに逃げているはずだと信じて、ばらばらに逃げることです。それが、それぞれの助かる確率を高くします。そして、そのことを家族全員の了解事項として、普段から徹底しておくことが必要でしょう。

今回の津波で犠牲になった人たちには、もはや「なぜ、すぐに避難しなかったのか」と尋ねることはできません。しかし、すぐには避難しなかったが助かった人たちに「なぜ、すぐに避難しなかったのか」と尋ねることによって、類推はできます。

では、すぐに避難しなかった人はなぜ、すぐに避難しなかったのでしょうか。理由として一番多いのが「家族の安否を確認していたから」と、「自宅に戻ったから」で、さらに「家族を捜しに行ったり、迎えに行ったりしたから」と続きます。

すぐに避難しなかったのは、決して危機感がなかったからではなく、危機感があったからこそ、家族を心配し、迎えに行っていたのです。

三陸地方には「津波てんでんこ」（津波が来たときはてんでんばらばらに逃げなければならない）という言い伝えがあります。

これは「一人残らず助かるための対策」ではありません。「少しでも犠牲者を少なくするための『重い』選択」なのです。

参考文献：遠藤 薫編著『大震災後の社会学』講談社

話のコツ

場数（ばかず）を踏む

消防活動の成否は何によって決まるのでしょうか。もちろんいろいろな要因がありますよね。

でも、その要因の一つは指揮者や隊員の「場数」だと思いませんか。「経験の多寡」と言い換えてもいいでしょう。

経験を積んでいる指揮者や隊員は、過去の経験から現場のストーリーを描くことができます。小さな予兆を見逃さずに、いち早く危険を察知することもできます。突発的な状況の変化にも柔軟に対応できます。でも彼らも最初から全てをこなせたわけではありません。

人前で話すことも、これと同じです。場数を踏んでいるうちに段々と上手になるのです。

「大勢の人の前で話すなんて……」と、その都度、それらしい理由を付けて避けているあなた。それでは、いつまでたっても「苦手」を克服できませんよ。最初から上手な人なんていません。場数を踏んでいるうちに上手になるのです。テレビのショッピング情報ではありませんが、このせっかくのチャンスを逃す手はありませんよ。

第4章 災害

1 災害時には空気を読むな

ポイント

- 日本人は集団の動向を優先する傾向がある
- 災害時は命を守るため、周りの空気に流されず自分の判断を大切にするべき

日本人は欧米人に比べ、個人よりも組織を主体に考える傾向が強いといわれています。

災害時の日本人の行動を見ると、自分の判断より「みんなはどう動くか?」を重視している人が多いことが分かります。

「赤信号、みんなで渡れば怖くない」という言い方が「なるほど」と思わせるように、個々の判断よりも集団の動向を優先する傾向が強いのです。

このことは、実験の結果からも明らかになっています。

ある独身寮で行った実験ですが、抜き打ちで発煙筒をたいて煙を出すとともに、自動火災報知設備のベルを鳴らし、32人の寮生全員の反応を見ました。

すると、ベルの音や煙を確認してすぐに行動したのは、部屋に1人か2人でいた13人だけでした。

その他の19人は食堂にいたのですが、最後まで何の行動も起こしませんでした。

彼らに、なぜ動かなかったのかと尋ねると、

「みんな、動かなかったから大丈夫だと思った」と答えたそうです。

ここに、自分の判断よりも集団の空気を優先する傾向が見てとれます。

1人のときは逃げるのに、みんなと一緒だと逃げないのです。

津波警報や避難勧告が出た場合の対応についての調査でも、「近所の人の様子を見てから決める」と答えた人が意外と多いことに驚かされます。

警報が出る度に避難しても空振りに終わるケースが多いことは確かです。

また、災害に備えるには少なくないお金と手間が掛かります。

そんななかで、「起きたらそれまでのこと……」とか、「１００年に一度のことを怖がっていたら仕事にならない」という声も上がるでしょう。

そして、そのような声が、集団の空気を形成することが往々にしてあるのです。

でも、東日本大震災でもそうだったように、災害で助かるのは、たとえ空振りに終わったとしても、いち早く避難行動をとってきた人たち、また、大げさだといわれても正しく恐れてきちんと対策を講じていた人たちであることを忘れてはいけません。

集団は、楽観的な判断に傾きがちなのです。

周りの空気に惑わされずに、自分自身の判断を大切にしましょう。

皆さんは、１００年に一度の災害でなら死んでも諦めがつきますか？

参考文献：山村　武彦『人は皆「自分だけは死なない」と思っている』宝島社

身だしなみ

聞き手（特に女性）は、話し手の服装をとてもよく観察しています。

さっぱりとした清潔な服装を心掛けましょう。

「話の善し悪しには関係ない」と思われますか？　実は大いに関係があるのです。

「話の善し悪し」は、話し手の「自信」に左右されます。

最前列の女性が、あなたの薄汚れた服装を見て顔をしかめているのに気付いたら……、どうでしょう。自信を持って話を続けられますか？

第一印象はとても大切です。身だしなみに気を配ってください。

制服の場合なら、ワイシャツの襟は汚れていませんか？　第一ボタンをきちんと留めていますか？　執務服の場合も、訓練だからといってしわだらけのズボンではいけません。ちゃんとアイロンのかかったものを着てください。

身だしなみがきちんとしていると、気持ちも引き締まります。気持ちが引き締まると、話も締まりますよ。

2　パニックは起こらない

ポイント

- 災害時、必ずしもパニックが起きるわけではない
- パニックを恐れるあまり、人々に真実を伝えないことの方が危険

これまで「災害時には、一斉に避難しようとする人々にパニックが起きやすい」ということが、学者や防災行政の担当者の間でも定説のようにいわれてきました。

ところが、最近の災害心理学によると「パニックが起きるのはまれであり、災害時であってもパニックはまず起きない」というのが通説になっているのだそうです。

それよりもパニックを恐れるあまり、伝えるべき情報を制限する、又は虚偽の情報を流すことによって、被害が拡大する危険の方が大きいとの指摘がなされています。

実際にパニックを避けようとして大きな犠牲を招いてしまった例が幾つもあるのです。

その一つに昭和52（1977）年にアメリカの

ビバリーヒルズ・サパークラブで発生した火災時の避難誘導があります。

その日、超満員の客席では有名なエンターテイナーのショーが始まろうとしていましたが、火災が発生したのは、まさにそのときでした。火は猛烈な勢いで広がっており、その情報はすぐに接客担当の従業員にも伝えられました。しかし従業員は、ごった返す１３００人もの客がパニックを起こすのを恐れるあまり、事実と異なる情報しか伝えませんでした。

「火災が発生しました。ぼやで大したことはありませんが、落ち着いて避難してください」

このような緊迫感のない指示だったため、客の行動はゆっくりしたもので、中にはそのまま座り続けてカクテルを飲んだり、話を続ける人たちもいました。

そうこうしているうちに、突如として黒煙が噴きこんできて、逃げ場を失った１６４人もの人が命を失ったのです。

パニックは全く起きないということではないのですが、起きるには幾つかの条件が必要なのだそうです。

その条件とは、

・危険が差し迫っていること
・その危険を回避する方法があること
・方法はあるが「早い者勝ち」などの制約があること

などです。

したがって、これらの条件のどれかがなければ「パニックは起きない」ということになります。

現に平成13（２００１）年9月11日、アメリカ同時多発テロ事件の現場となった世界貿易センタービルでもパニックは起きなかったといわれています。

パニックを恐れるあまり「真実を伝えない」ことの方がむしろ危険なのです。

参考文献：広瀬　弘忠『人はなぜ逃げおくれるのか―災害の心理学』集英社

原稿を作る

面倒がらずに、話す予定の内容を一度文章に書いてみましょう。

文章に書いてみると、いろいろなことが見えてきます。

「あ、ここは何度も同じ言い回しが続いているな」とか、

「これは耳から入る言葉としては、意味が分かりにくいかもしれない」等々。

書き終えたら、何度か読み返してみましょう。さらに気になる部分があれば手を加えます。

さあ、原稿ができました。今度は要点を「メモ」にしましょう。

本番ではその「メモ」を見ながら話すのです。

「メモを見ながら話してもいいのですか」という質問を受けることがありますが、一向に構いません。「熱心さ」が伝わりこそすれ、決して失礼ではありません。無理してメモを持たずに「話そうと思っていた内容を忘れてしまう」ことの方が、よほど失礼です。

笑顔で「話すことを忘れないように、メモを作ってきました」と言ってみてください。

好感度が上がりますよ。

3 それでも逃げませんか

ポイント

- 「正常性バイアス」により、災害時に逃げるタイミングを失うことがある
- 常に最悪の事態を想定することが、命を守る決め手となる

小鳥などの小動物は、敵の気配や自然災害の兆候を素早く察知して身の安全を図ります。

それに引き換え私たち現代人は、危険を察知する能力がほとんど衰えています。それどころか危険が差し迫っていることが明らかな状況下でさえ「多分大丈夫」と、危険であることを認めようとしない傾向があります。このような心のメカニズムを心理学では「正常性バイアス」といいます。「バイアス」とは「偏っている」という意味です。

「起こっては困ること」は「起きないこと」にしてしまうのです。

このメカニズムにはプラスの面もあります。

人間はいつの日か必ず死ぬのですが、そのことが片時も頭から離れなかったら、楽しく生きてはいけませんよね。現代人はこのように嫌なことは忘れて能天気に生きていけるようにできているのです。その結果、動物の中でも格段に長い寿命を手に入れることができたのかもしれません。

ところが災害時には、この「正常性バイアス」が迫りくる危険から逃れるタイミングを奪ってしまうことになります。

具体例を挙げると、平成15（２００３）年に韓国のテグ市で発生した地下鉄火災があります。確認されただけでも死者１９０人以上という大きな犠牲をもたらしました。

その火災は、駅に停車中の地下鉄車両の中で、男が投げた火炎びんにより発生しました。火と煙が瞬く間に全車両に広がっていったのですが、そのとき、反対側のホームにも電車が入って

きて停まりました。やがてその車両にも隣で燃えている車両の火が燃え移り、炎が上がり始めました。

このときの車両内の乗客の様子を捉えた映像があります。それを見ると侵入してくる煙にもかかわらず、じっと動かずに座り続けている人が何人もいるのです。「何かおかしいな」とは感じても「危険な状態」だとは認識できないのです。

このように危険な兆候が明らかな状態においてもなお、「大したことはあるまい」と考える人たちがいます。過去に発生した洪水や、火山の噴火や津波などの災害で犠牲になった人の多くが、このような人たちなのです。

大きな災害は人間の「心の隙」を巧みに突いてきます。

たとえ頭のどこかで「今回も大したことはないだろう」という声が聞こえても、たとえ空振りに終わっても「常に最悪を想定して行動する」。これが「災害から命を守る決め手」といえるでしょう。

参考文献：広瀬　弘忠『人はなぜ逃げおくれるのか―災害の心理学』集英社

敬語のお・かし・も

消防職員を含め公務員は、かしこまった敬語の使い方があまり上手ではありません。というよりホテルマンなどの接客のプロに比べ、へりくだった言い方をしなければならない場面が少ないといえます。

通常の業務の範囲ならそれで何ら問題はありませんが、イベントでの接客などその道のプロと同じ立場でのやり取りでは、普段より丁寧な言葉遣いが必要になります。

このような場面での敬語の常套句で、消防職員の口からなかなか出てこない言葉が三つあります。

それは何かお願いや指示をする場合の「おそれいりますが……」、承った場合の「かしこまりました」、謝る場合の「申し訳ございません」です。

私はこれらの頭文字をとって「敬語のお・かし・も」と名付けています。

子供たちを対象とした避難訓練での注意ポイントである「お（押さない）・か（駆けない）・し（しゃべらない）・も（戻らない）」をもじったものです。

覚えておくと一目置かれる場面が必ずありますよ。

4 起きる可能性のあることはいつか必ず起きる

ポイント

● たとえ確率が低くても、想定外の災害はいつか必ず起きる

● 空振りを繰り返したとしても、「最悪」に備えなければ身の安全は図れない

東日本大震災以降、「南海トラフで大地震が起きると32万人もの死者が出る」とか、「実は活断層が、そこにもここにも走っているらしい」とかの物騒な記事が目立つようになりました。現に原子力発電所の中には、調査の結果、直下を走っている断層が実は活断層らしいということが明らかになり、廃炉になる公算が大きいといわれるものまで出てきています。

なぜ、いきなりこんなことが言われ始めたのでしょうか。３・11以後、地震の科学が大きく進歩したのでしょうか。いいえ、そんなことはありません。物差しが変わっただけなのです。

東日本大震災が発生する前から、一部の学者の間では「平安時代の『貞観』という年号のときに三陸地方を巨大な地震と津波が襲ったらしい」ということがいわれてきました。

でも、行政をはじめほとんどの専門家は、「数百年、又は千年に一度しか起きないようなこと」には目をつぶって「起きないこと」にしてきたのです。対策には莫大な費用が掛かることもあって、もっと確率の高い、すぐにでも発生しそうな規模のものだけを対象にしてきました。そこに「想定外」にせよ「未曽有」にせよ、東日本大震災が起きてしまいました。そこで今度は「確率は低くても最悪の事態を想定する」という、リスク管理本来のあるべき姿勢に立ち返ったのです。

南海トラフ地震は、「近い将来に発生する確率が高い」といわれています。でも、実は確率はどうでもいいのです。活断層が動いて大きな地震を発生させる確率は、どの活断層でもおお

むね1％未満です。それでも阪神・淡路大震災は発生しました。被災した人にとっては1％も100％も同じことなのです。

たとえ確率は低くても、「最悪」に備えていなければ身の安全は図れません。

ある水族館の館長さんによると、アシカやオットセイあるいはシャチなどのショーのときに、子連れのパパやママの中には「ほら、かわいいねー」と、抱き上げた子どもを柵や手すり越しに差し出している人がいるのだそうです。めったにないこととはいえ、子どもがいきなり暴れて水の中に落ちたらどうなるのでしょうか。起きる可能性がないとはいえません。

皆さんは数百年に一度の災害でなら、命を落としても、又は大切な人を亡くしても、諦めがつきますか。

そんな人はいませんよね。

「起きる可能性のあることはいつか必ず起きる」、そう考えて対策を立て、「空振りを繰り返してもきちんと対応する」。これが災害から身を守る決め手です。

禁句

新聞やテレビでは、努めて使わないようにしている語句があります。

「めくら」とか「つんぼ」のような心身の障害や身分差別に関わる語句が、そこに含まれます。このような語句は、講話の場合もできるだけ避けましょう。せっかくのいい話も、その一言で品位が落ちてしまいます。

直接表現している単語そのものは、気を付けていれば避けることができますが、うっかり使ってしまう場合が多いのは熟語やことわざになっているものです。

例を挙げると、熟語では「めくら判」「つんぼ桟敷」「片ちんば」「バカチョンカメラ」など、ことわざでは「めくら蛇に怖じず」などです。

これらの言い回しが頭の引き出しに入っている方は、特にご注意ください。

この他にもNHKでは、商品名が一般的に使われているもの「セロテープ」とか「サランラップ」「エレクトーン」なども避けているようですが、我々はそこまで気を回す必要はないでしょう。

5 ボスザルの指示

ポイント

- サルの群れは、ボスザルの指示に従うことで統率がとれている
- 人間の場合も非常時は「どう行動するか」を指示するリーダーの存在が重要

集団で行動する動物は、リーダーの指示で動きます。例えばサルの群れには、ボスザルがリーダーとして君臨していて、群れはこのボスの指示で動いているのです。

移動中にボスが「止まれ」と指示すれば、群れは止まります。「逃げろ」と言えば、皆逃げます。

そのとき、一匹一匹のサルは「本当に止まる必要があるのだろうか」とか「逃げなければならないほどの危険が迫っているのだろうか」とは考えません。ただひたすら指示に従うのです。緊急の場合ほど、何も考えずに指示に従った方が素早く安全が確保される場合が多いのです。

人間の場合も同じことがいえます。

火災や洪水のときにリーダーがいて、「ここにとどまれ」とか「できるだけ高いところまで逃げろ」という指示があった方が素早い行動がとれるのです。

このことを確かめるために行われた実験の結果を紹介します。

実験は「飛行機が不時着し、爆発炎上の危険があるため、一刻も早い避難が必要である」という想定で行われ、乗客に飛行機から脱出用スライドで避難してもらいました。

このような一刻を争う状況にもかかわらず、多くの乗客がなかなか座席から立ち上がらなかったり、出口へ向かう前に手荷物を取ろうとする傾向が見られたのです。

また、出口に到達しても、特に女性は脱出用スライドの前で長い時間ためらい、そのために出口がつかえ、全員の避難が遅れることになったのだそうです。

ところが、客室乗務員が出口に立

ち、「ここから避難して」「さあ、飛び降りて」と大声で指示すれば、乗客の行動は見違えるほど素早くなり、脱出用スライドの前でも、ためらいはほとんどなくなり、スムーズに避難できることが分かりました。

このように非常時には、どう行動すべきかを指示してくれるリーダーの存在が求められるのです。過去の火災の現場でも、団体客のリーダーの的確な指示によって、グループの全員が安全に避難できたという例がいくつもあります。

でも、ボスザルのような立場の人がいつもいるとは限りませんよね。

そのようなときには、皆さんが是非リーダーになってください。

繰り返しますが、リーダーの指示があるのとないのとでは、人の動きは大きく違うのです。

ホテルに宿泊中に火災が発生して火災報知機のベルが鳴った場合や、台風や集中豪雨で避難指示が出された場合など、今日ここにお集まりの皆さんのお一人お一人がリーダーになって「さあ、逃げましょう」と大きな声で指示してください。

参考文献：アマンダ・リプリー『生き残る判断　生き残れない行動』光文社

芸は砂の山

「芸は砂の山」これは噺家（はなしか）の六代目三遊亭圓生（えんしょう）師匠が、生前よく口にしていた言葉だそうです。「芸の道は必死で上り続けていないと足元からずるずると崩れてきて、すぐに下手になる」ということです。

噺家に限らずアナウンサーでも、上手な話し手は必ず研究熱心です。どうすれば、さらに人の心をつかむ話ができるようになるのかを常に考えて努力しています。

そうして努力を続けているうちに壁にぶつかり、その壁をどうにか乗り越えたと思ったら次の壁が現れる。まるで障害物競走のように……。

でも段々と、その壁を乗り越えて一皮むけたときの喜びも分かってきます。

私たちは話のプロではありませんが、同じことです。講話の場合も、初めてのときは緊張していて「壁」どころか「崖」ですよね。でも回を重ねるごとに、少しずつ慣れてきます。そこからが「満足してそのレベルで止まってしまう」か「さらに努力して一歩上に到達するか」の分かれ道だと思います。

「芸は砂の山」、奥の深い言葉ですね。

6 「特別警報」が発表されたら

ポイント

- 特別警報が発表されたら、ためらわず命を守るための行動を起こすこと
- 普段から、災害時にどう行動するかをシミュレーションしておく

令和元（２０１９）年5月から、災害に関する情報を5段階に分類した「警戒レベル」の運用が始まりました。このうち最も危険度の高い「警戒レベル5」の情報を出す基準の一つが「特別警報が発表された場合」です。

では「特別警報」とは、どのようなものなのでしょうか。

気象庁によれば「数十年に一度の危険な状態が予想されるときに発表する警報」とのことです。別の言い方をすれば「あなたの命に関わるほどの異常事態が、すぐそこまで来ていますよ」ということです。

比較的最近の災害で例を挙げれば、「東日本大震災」のときのような大津波、「平成30年7月に西日本を襲った豪雨」のような２００人以上もの犠牲者を出したような大雨などが該当するそうです。

では、この「特別警報」が発表された場合は、どのように対応すればよいのでしょうか。

気象庁は「直ちに命を守るための行動を起こしてください」としています。しかし、「命を守るための行動」といっても、必ずしも「避難所へ駆け込む」とは限りません。災害の種別や建物の位置、構造等によっては、外へ出るよりも屋内にとどまっていた方が安全な場合もあります。

自宅外避難の必要性は、それぞれの建物の立地条件や強度等によって個別に異なります。普段から自宅や勤務先が、どんな災害のときにどの程度の危険があるのか、大雨の例でいえば浸水や裏の山の土砂崩れ等の危険性を、県

や市のハザードマップ等で確認しておきましょう。それとともに、「自分はどう行動すればよいのか」をシミュレーションしておく必要があります。災害が「津波」なのか「大雨」なのか「暴風」なのかによって、どう行動するかが全く異なるからです。

もう一つ大切なことは「躊躇（ちゅうちょ）しないこと」です。

「しばらく様子をみてから」とか「市からの指示を待って」などと言っていてはいけません。

特別警報が発表された場合は「いやおうなし」だと思ってください。

ある大手の企業は、営業中に特別警報が発表された場合は「様子を見て判断する」のではなく、発表エリアにある支店や営業所を直ちに閉め、社員をすぐに帰宅又は避難させることに決めたそうです。

たとえ空振りに終わったとしても素早く、最悪の事態に備えて行動する。

これが、これまでの幾多の災害で助かった人たちの教えです。

見出しが大切

「女優の○○、結婚１年で離婚の危機」

こんな見出し、週刊誌によくありますよね。

週刊誌は、このようなセンセーショナルな見出しで見る人を引き付けているのです。

講話も最初のひと言、言わば「見出し」で聞く人を引き付けましょう。

消防関係の話題で言えば、

「新聞によると、南海トラフ巨大地震では32万人もの死者が出るそうです」とか、

「ある学者は、火災による死者は今後増加すると予想しています」などです。

もちろん、講話の内容とかけ離れたものは使えませんが、これから話そうとしている講話のテーマ、一番「へぇーっ」と感じてもらえそうな部分を冒頭に持ってくるといいでしょう。

通勤の電車の中で新聞を読むとき、又は吊り下げ広告に目をやるときに、そんな目でセンセーショナルな見出しを捜してみてください。それをどう料理すれば、消防の題材で使えるかを考えてみてください。あっという間に降りる駅に着きますよ。

7　災害時の通信手段

ポイント

● 電話がつながりにくくなるため災害用伝言ダイヤル等を利用する
● 普段から家族や周りの人たちと災害時の安否確認手段を話し合っておくこと

災害時には、まず家族の安否を確認したいですよね。その手段として、まず頭に浮かぶのが電話です。

ところが災害が発生すると、すぐに被災地では電話がつながりにくくなります。回線の数をはるかに上回る電話が殺到するためです。この災害時の電話の輻輳（ふくそう）を回避する手段の一つがＮＴＴの「災害用伝言ダイヤル」や通信各社が行っている「災害用伝言板」などです。

ＮＴＴの「災害用伝言ダイヤル」について使い方を簡単にお話しします。まず、局番なしの「１７１」をダイヤルします。次にガイダンスに従って、伝言を録音するときは「１」を、録音されている伝言を聞くときは「２」をダイヤルします。次に、自分が被災者の場合は自宅の電話番号を、被災地にいる人の安否を確認したい場合はその人の家の電話番号を、市外局番からダイヤルします。送受信のいずれかが都道府県単位で被災地の電話であることが条件になります。伝言容量は８００万件ありますので、まず利用できると思ってよいでしょう。

伝言録音時間は、一伝言当たり30秒以内、件数は複数件可能ですが、混雑状況によって異なるため、利用時のガイダンスで知らせてくれます。この「災害用伝言ダイヤル」と携帯電話の「災害用伝言板」の双方ともお試しサービスがあり、毎月1日、15日又は防災週間などの決められている日には試してみることができますので、是非一度やってみてください。

この「伝言ダイヤル」や「伝言板」以外にも知っておくと役に立つことがあります。

その一つは、被災地から遠く離れたところの電話をキーステーションにすることです。例えば、関東で地震が発生し、電話が輻輳しているときでも、関東から北海道、九州、四国などの遠隔地へ発信する場合はつながりやすいのです。このことを利用すれば、遠方の親戚や知人を経由して家族同士の連絡をとることができます。

もう一つは「災害時優先電話」という仕組みです。災害時でも市役所や消防、警察などの機関には優先してつながる電話が備えてありますが、公衆電話がこの電話と同じ仕組みになっているのです。阪神・淡路大震災のときに、公衆電話がどれも10円玉でいっぱいになって使えなくなったという反省から、災害時には被災地の全ての公衆電話が無料で使えるようになっています。最近では少なくなりましたが、自宅近くの公衆電話の設置場所を確認して覚えておくとよいでしょう。

これらのどの方法を利用するにしても、災害が起こってからでは家族との相談はできません。普段から家族又は連絡を取り合う必要のある方とよく話し合って「複数の安否確認手段」とその「優先順位」を決めて全員の共通認識にしておくことが大切です。

話のコツ

大切なことは三度言う

「伝言ゲーム」を御存じですよね。

ある話を人から人へと次々に伝えていくうちに内容がどんどん変わって、最後の人に発表してもらうと最初の話がとんでもない内容になっているというものです。

つまり、このゲームは「話はなかなか正確には伝わらない」からこそゲームとして成り立っているともいえるのです。

ある説によると「話し手がきちんと伝えることができている割合が70%」、「聞き手がその伝えられた内容を正しく受け止めている割合が70%」なのだそうです。つまり0.7×0.7＝0.49ですから、一度言った話が正確に伝わっている確率は約50%なのです。

したがって、これだけは伝えておきたいと思うことは、繰り返して言わなければなかなか伝わりません。

「もう一度言いますが……」とか「繰り返しますが……」と、くどいと思われるかもしれませんが、これだけは伝えておきたいと思うことは、是非三度言ってください。

8 逃げ遅れたスズメ

ポイント

- 災害時、他人の行動を見てから避難するかどうか決めていては手遅れになる
- 空振りになることを恐れず、自分と家族の命を守るために行動することが大切

通勤の途中で、こんなことがありました。

駅から消防署への道を歩いていると、道路の上で3羽のスズメが、パンくずか何かをついばんでいました。

そこへ自動車が通り掛かり、いち早く危険を察知した1羽が飛び去りました。ところが、残りの2羽は最初の1羽が飛んだのを見てから慌てて飛び立ったため一瞬遅れてしまい、車の前面にぶつかってしまったのです。

車はそのまま走り去り、2羽のスズメは道路の上で横たわっています。しばらくするとそのうちの1羽が動き出し、やがて「やれやれ」といった感じで飛び去っていきました。

ところが残りの1羽は、いつまでも動き出しません。拾い上げてみると既に息絶えていました。

最初の1羽と同時に飛び立っていれば助かったものを、飛び立つのを見てから飛んだ、その一瞬の遅れが生死を分けてしまったのです。

我々人間の災害時の対応についても、同じことがいえるのではないでしょうか。

火災、津波、洪水、土砂崩れなどの自然災害において、一瞬とはいわないまでも僅か数分の避難の遅れが生死を分けているのは、皆さん御存じのとおりです。

3羽のスズメのうち2羽が、自分の判断ではなく1羽が逃げたのを見てから飛ぼうとしたように、私たち人間も他人の行動を見て決めているケースが多いのです。

例えば、大雨で警報が出ている場合でも「近所の人が誰も避難していない

から、もう少し様子を見ていよう」とか「皆が動き始めたようだから、そろそろ避難しようか」と判断している人が多いのです。思い当たりませんか。

自分と家族の命ですよ。他人任せではなく、自分で判断してください。それも早ければ早いほど助かる確率は高くなるのです。空振りを恐れてはいけません。何度空振りに終わっても、素早い行動を繰り返してきた人が助かっているのです。逃げ遅れたスズメにならないでください。

東日本大震災のとき、岩手県釜石市の子どもたちが教えられていたとおりに素早く避難して、ほとんど全員が助かりました。津波の事実と教訓を後世に残すために建てられた「津波記憶石」というものがあるのですが、そこには、ある中学生の言葉がこう刻まれています。

「100回逃げて、100回（津波が）来なくても、101回目も必ず逃げて」

話のコツ

努めて制服で

講話の話し手は、なるべく制服を着ましょう。

聞き手の皆さんに「消防署のしかるべき立場の人が、講師で来てくれた」との印象を持ってもらえるからです。

もちろん訓練のインストラクターを兼ねている場合や、行事の性格上作業服の方がふさわしい場合はこの限りではありません。

ただ、消防職員の晴れ姿は制服なのです。「一番の決め服」だと思ってください。

管理職の方は「前後のスケジュールの関係で、私服の方が好都合」というケースもあるでしょうが、着替える手間を惜しまずに努めて制服にしましょう。

スーツ姿では会社員なのか、はたまた市の課長さんなのか、見た目では分かりませんよね。

聞き手の皆さんは「消防職員らしい姿」を求めているのです。

消防の講話は「最も消防職員らしい姿、すなわち制服姿で話してこそ説得力を持つ」と言っても過言ではありません。姿を見せたときから、勝負は始まっているのです。

9 土石流

ポイント

- 土石流には前触れがあるため、それを察知したら早めに避難する
- 自分の住む地域に起こりうる災害について常日頃から認識しておくこと

大雨や地震などが引き金となって、山や崖が崩れたり、水と混じり合った土砂が流れ出て被害を及ぼす自然災害を一般に「土砂災害」といいます。平成25（２０１３）年10月には台風26号により東京の伊豆大島に大規模な土石流が発生し、大きな被害をもたらしました。

「土石流」は谷や山の斜面から崩れた土や石、砂などが、長雨や大雨の際に水と一緒になって、谷を一気に流れ落ちる現象です。その速度は時速40～50キロメートルにも達し、時には直径数メートルの大きな岩をも押し流すほど強い力を持ちます。土石流は、急な流れのあるところや扇状地で起こることが多く、速い速度と強い力で、人の命や財産を一瞬のうちに奪ってしまいます。

土石流が起こる前触れとしては次のような現象

があります。

一つ目は、川の流れが急に濁ったり、樹木が流れてきます。川の流れが急に濁るのは、山から崩れ落ちた土砂が川に流れ込んだ結果で、また、樹木が流れてくるのは、木の生えていた山の斜面が崩れ落ちたものと考えられます。

二つ目は、雨が降り続いているのに川の水が普段より減ってくるという現象です。

上流で山の斜面が崩れ落ち、川に流れ込んだ土砂が川をせき止め、天然のダムを造っていることが考えられます。天然のダムはやがて決壊し、土石流となって流れ落ちてきます。

三つ目は、斜面から小石がパラパラと落ちてきたり、水が噴き出すことで

す。

斜面の中で地下水が多く溜まり崩壊しやすくなったり、斜面が水によって削られ始めています。

このような現象を見かけたときは、とにかく早めの避難が大切です。早めの避難により大勢の人が助かった例は数多くあります。

平成9（1997）年5月に、十和田湖に近い秋田県鹿角市（かづのし）で発生した大規模な土石流では、地元の温泉の16棟の旅館が全壊するという大きな被害がありました。しかしながら幸いにも、前日からの前兆に気付いた市の職員の的確な判断によって「避難勧告」が出され、避難が徹底されたため人的な被害はありませんでした。

しかし、「避難勧告」や「避難指示」が出ても正しく伝わらなかったり、伝わっても「大したことはないだろう」とか「自分だけは大丈夫」といった根拠のない思い込みによって、なかなか避難しない例も残念ながら多く見られます。

自分の住んでいる地域がどのような所で、どんな災害が起こる可能性があるのかを常日頃から十分認識しておくことが大切です。「やはりそうだったのか」と気付いたときにはもう遅いのですから。

※「避難勧告」は、令和3年5月20日に廃止され、「避難指示」に一本化されました。

話のコツ

立ち位置を変える

話し手は、立っている場所を時々変えてみてください。

中央から右の方へ、そして中央へ戻り、その次は左の方へ……という具合に。

特に演台がある場合は、体が半分隠れてしまいます。演台の後ろでじっとしていたのでは、せっかくのいい話でもインパクトは半減してしまいます。

人間を含め、動物は動くものに気を取られるようにできています。

犬でも猫でもカラスでも、視界の中で何かが動くと必ず目で追いますよね。

逆に見つけられたくない場合は、じっと動かずにいる方がよいのです。

例えば、猛禽類（もうきんるい）の餌となるウサギやネズミなどの小動物は、上空にワシやタカなどの気配を感じたら、物陰に隠れてじっとしています。

でも、皆さんは獲物の小動物ではありません。大いに目立ってください。

聞き手も、話し手が動くと自然と注意が向くのです。注意が向けば、話も「ストン」と入っていきますよ。

10　他山の石

ポイント

- 災害や事故において、過去と同じケースで犠牲になる人が多い
- 他人や自分の失敗を繰り返さぬよう対策を立て、実行することで教訓を生かせる

「他山の石」とは中国の古い教えで、元々の意味は「よその山で採れた粗悪な石でも玉を磨くのに役に立つ」ということだそうです。転じて「他人の失敗を自分への戒めにする」という意味で使われていますよね。

ところが、この「戒めにする」ということが実はなかなか難しいのです。

人間は他人の成功には、指をくわえて「羨ましい」と思い、他人の失敗には「お気の毒に……」と思うだけなのです。皆さんはいかがですか？

この「失敗を教訓にする」ことがいかに大切か、また、難しいかは、災害のニュースを思い起こしてみれば、すぐに分かります。災害の度に過去と同じケースで犠牲になる人が何と多いことか……。

台風の例でいえば「港に船の様子を見に行って波にさらわれた」とか「屋根を修理しようとして風に飛ばされた」などです。毎回のように耳にしますよね。ニュースで流れているときには「また同じパターンだね」とうなずきあい、しばらくは記憶に止めて教訓にするのですが、じきに忘れてしまうのです。

人間は、うれしいことはいつまでも覚えているくせに、嫌なことはすぐに忘れたがるのです。そしてまた、同じ失敗を繰り返すのです。

災害に限らず、日常のちょっとした事故やけがでも同じことがいえますよね。

ところで、これらの他人の失敗や自分の失敗を次に生かす良い方法があります。

それは失敗したら、また他人の失敗を見て「自分も危ないな」と思った

ら、必ず対策を立てることです。「これから気を付けよう」と思うだけではいけません。対策を立てにくいものは、日記やメモに書き付けておくだけでも効果があります。「川の様子を見に行った60歳、またもや犠牲に……」と。

身近な家庭内の事故対策の例を挙げてみましょう。奥さんが押し入れで頭をぶつけたと聞いたら、押し入れに「頭上注意」と貼り紙をするのです。ぶつけそうな箇所に発泡スチロールでガードを作り取り付ければ、なお完璧です。

「そんな大げさな」と思われる方は、テープを一本貼り付けておくだけでも、それなりの効果があるでしょう。テープを見れば「頭をぶつけないように気を付けよう」と思うからです。

自宅の階段で滑ったら、手すりを取り付けたり、滑り止めを貼り付けたりするのです。

「まあ、そのうちに……」はいけません。後回しにされたことは、まず実行されないのです。そして「災害は忘れた頃にやってくる」のです。

はじめの挨拶

講話を始める前の挨拶は、面接試験のようなものです。

「試験官」、すなわち集まってくれた方たちは、「どんな人が話をするのかな」と、注目しています。期待を裏切らないようにしましょう。

挨拶のときのコツですが、一つ目は「頭を下げながら声を出さないこと」です。

下を向いてしゃべっても声は届きません。手持ちのマイクならともかく、スタンドマイクでは下を向いて出した声は拾ってくれません。無言で丁寧にお辞儀をして頭を上げた後に、しっかりと聞き手の方を見ながら口を開きましょう。

二つ目は「自分の姓と名の間にしっかりと『間』を取ること」です。これは役職と姓であっても同じです。

この「間」で聞いている人たちは「ああ、これから話をする人は○○係の○○さんなのか」と印象づけられます。

いかにも頼もしく感じられ、「さあ、聞いてみようかな」という気になるのです。

11 江戸っ子の共助

ポイント

- 江戸の町人たちがお互い助け合う「共助」の様子は、外国人を驚かせた
- 現代の災害対策でも、自分の安全を守ったうえでの「共助」が大切

災害時の対応としてよくいわれるのが「自助」、「共助」そして「公助」ですよね。

まずは「自助」です。自分と自分の家族は自分が守る。そのための対策をきちんと講じる。このことが一番大切です。

次に「共助」です。一人ひとりの力には限界があります。ご近所や同僚のためにお互いが協力する「仲間同士の助け合い」が必要ですよね。

ところで、江戸時代に来日した外国人は江戸の町人たちがお互いに助け合う「共助」の様子に驚いていたことを御存じですか。

大森貝塚を発見したモースや日本の動植物の研究で有名なシーボルトが、江戸の町人たちの「共助」について目にしたときの驚きを書き残しています。災害時の「共助」についてではありませんが、そのうちのいくつかをご紹介します。

一つ目は「見るからに気性の荒そうな職人が仕事中に道を尋ねられると、手を休めて丁寧に教えている」

次は「四六時中、店番をできない貧しい人たちが無人の販売所を設置して物を売っている」『誰も見ていなくても、タダで商品を持っていく不届き者はいない」

もう一つは「何台かの人力車の車夫が、一人の上等な客をめぐって争うことなく『くじ』を引いて、円満に決めている」「また、途中でほかの人力車とぶつかっても笑顔で互いにわびて走り続ける」

これらを読むと、当時の町人たちが誰かに強制されているわけではないのに、お互いを信頼し、秩序を持って接していることに、外国人が驚いている

様子が見て取れます。

現代の災害時の「共助」についても同じことがいえるのではないでしょうか。お互いの安全、幸せのためにお互いが自分にできることを率先してやる。特に小さな子どもやお年寄りは、皆で力を合わせて守る。今の世の中、なかなか地域のコミュニティーができ難い状況になっていますが、「自分の身の安全を確保したら、次は地域の防災弱者の安全のためにお互いが手を差し伸べる」という仕組み作りが大切です。

東日本大震災では多くの方が命を落としました。被災者への支援はもちろん大切なことですが、今後同じような災害に遭遇したときに被災しないような「共助のあり方」について、真剣に探り、それを次世代に伝える姿勢が必要です。「生き残った人々の生活のための対策」も重要ですが、「災害で命を落とさないための対策」はもっと重要なのではないでしょうか。

外国人を驚かせた江戸っ子の「共助」は、現代の日本の災害対策としても学ぶ点が多いように思われますが、いかがですか。

話のコツ

間違いやすい慣用句

普段の会話でも「寝耳に水」などの慣用句をよく使いますよね。使い方によっては大変効果的なのですが、「他山の石」というべきところを「対岸の火事」と言ってしまっては何にもなりません。

このように、間違って使われることの多い慣用句をいくつか挙げてみました。

慣用句	意　　味
当たり年	「当たる」は収穫や利益が多い場合に使う。「台風の当たり年」は誤り。
カエルの子はカエル	カエルは「平凡な」という意味。子役タレントを褒める場合に使うのは誤り。
流れに棹をさす	時流に乗って物事が順調に進むこと。時流に逆らうという意味ではない。
確信犯	「政治や宗教上の信念に基づく犯罪」という意味。「悪いことと知っていて犯す罪」という意味ではない。
役不足	能力、力量に比べて役目が軽すぎること。「私では役不足です」とは普通は言わない。「力不足」と混同しないこと。

12 天災は忘れた頃にやってくる

ポイント

- 人間は基本的に楽天家で、「起こっては困る」ことを「起こらない」ことにしたい
- 確率が低くても、最悪を想定して対策を講じるリスク管理をしなくてはならない

「天災は忘れた頃にやってくる」これは明治から昭和初期にかけて活躍した科学者、寺田寅彦の言葉としてよく知られていますよね。

彼は、この他にも、

「人間は何度同じ目に遭っても決して利口にならないものであることは、歴史が証明している」

と言っているのだそうです。

どちらの言葉も言い方を変えれば

「人間は天災でひどい目に遭っても、時間がたてば忘れてしまうものだ」ということでしょう。

そういえば「いろはかるた」にも「喉元過ぎれば熱さを忘れる」というのがありましたね。昔も今も同じなのですね。

自然災害ではありませんが、金融危機に関しても同じことがいえるのだそうです。

あるアメリカの経済学者は、その著書の中で、過去の何度もの金融危機の調査結果として、「過去の多数の金融危機は驚くほど似通っており、さらにはその都度『今回は今までのものとは違い、大丈夫だ』という意見が繰り返されてきた」と述べています。

ここに人間の危機意識の本質が見て取れるものと思います。

人間は皆、基本的に楽天家なのです。「危ないかもしれない」ということは分かっていても「今回は大丈夫だ」と思いたいのです。「起こっては困る」ことは「起こらない」ことにしてしまいたいのです。

リスク管理の基本として「最悪を想定せよ」ということがいわれますが、実際にはこれがなかなか難しいのです。

例えば、台風がこの地方を直撃しそうだとの気象情報があったとします。ところがその時点では「台風による大雨で、町を流れる川が氾濫する」とは誰も思いたくありませんよね。でも「最悪を想定して対策を講じる」のが「リスク管理の鉄則」なのです。この場合、最悪の事態になるのは、確率からいえば、そう高いものではありません。対策を講じて早めに避難しても「空振り」に終わる確率の方が高いのです。逆に何も対策を講じないで、指をくわえてじっとしていても、被害に遭わない場合の方が多いのです。

ここにリスク管理の難しさがあります。

結果として何事もなく済んで、講じた対策が役に立たなかったとしても「忘れた頃にやってくる」災害への対策としては決して「無駄だった」と思わないことが大切です。

万一の被害を避けるためには「空振り三振を恐れてはいけない」のです。

参考文献：植村修一『リスク、不確実性、そして想定外』日本経済新聞出版社

話のコツ

話し上手は聞き上手

どう話せばうまく伝わるのでしょうか。

心配するには及びません。「上手に話す」には、人の話を「上手に聞く」習慣を身に付けることです。

「上手に聞く」ということは、ただ漫然と聞くのではなく「何がポイントなのか」「なるほど、そういうことなのか」と話の核心を正確に捉えることなのです。そうすれば話の中身にふさわしい「相づち」や「受け答え」ができますよね。話し手とのコミュニケーションもバッチリです。

そのように「上手に聞く」習慣が身に付けば、どう話せばよいかが自然と分かってくるのです。ぺらぺらと言葉の洪水のような「中身のない話」ではなく、言葉は少なくても「『なるほど』と思ってもらえる話」ができるようになりますよ。

聞くところによると、クラブの№1ホステスも「器量ではなく話の聞き方で決まる」のだそうです。「なるほど」と思えますよね。

「それでも美人の方がいいな」という人も、いることはいますが……。

13　担架を過信してはいけません

ポイント

- 担架でけが人を運ぶのは予想以上に重労働で、長距離の移動は難しい
- 訓練等の機会に実際にやってみることが大切

震災時にはあちこちで多くのけが人が発生します。でも、消防署の救助隊や救急隊は、ごく限られた現場にしか出場できません。皆さん方、地域の方々の力で救助するしかないのです。

阪神・淡路大震災のときも、救助が必要な3万5000人のうち消防や警察、自衛隊による救出は8000人にすぎません。あとの2万7000人は住民による救出でした。しかも住民による救出は、消防などの公的機関による救出より素早かったため、救助された方の約80％が命を取り留めたのです。

救出されたけが人の中には、緊急に医療機関での治療が必要な方もいます。そのような場合はどうすればよいのでしょうか。先ほどお話ししたように救急車はあてにすることができません。皆さん自身で医療機関まで搬送せざるを得ないのです。

搬送の手段として真っ先に頭に浮かぶのが「担架」ですよね。担架には消防隊が使うような完成品から、皆さんが防災訓練で経験されたように竹竿と毛布を組み合わせて作る応急的なものまでいろいろあります。でも、ちょっと待ってください。担架に乗せたけが人をどこまで搬送するのですか。担架で搬送できるのは、せいぜい数十ｍです。それ以上の距離になると、重くてとても搬送できません。実際に大人を一人搬送してみると分かりますが、２人ではもちろん、４人で持ったとしても重労働です。担架での搬送は、けがをした場所から取りあえず安全なところまでと思ってください。

さらに医療機関まで搬送しようとするなら自動車を使うのが一番ですが、

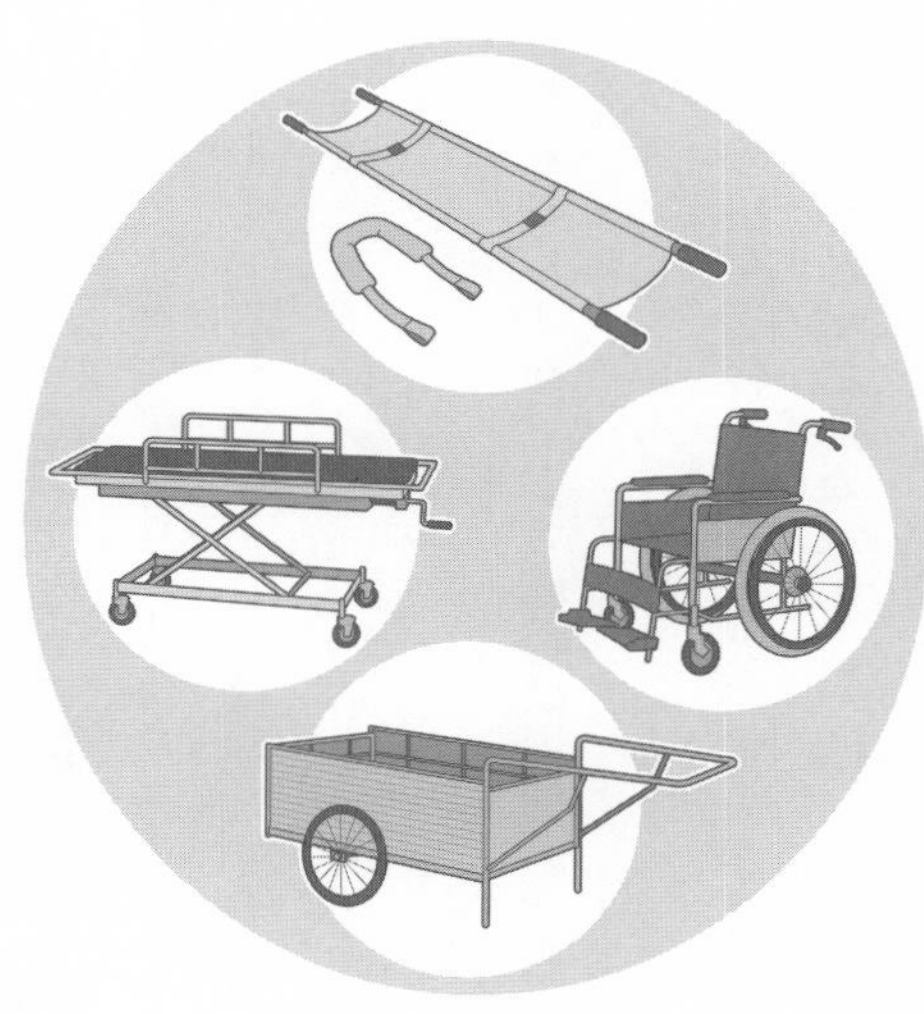

震災時には道路が寸断されていたり通行制限があったりで、まともに通行できないと思った方がよいでしょう。そこで有効なのが救急隊の使うようなストレッチャー又は車いすです。リヤカーも役に立ちます。このようなものは個人で準備するのは大変ですが、自治会や団体、あるいは企業で防災用品の備蓄を見直す際には是非検討してみてください。

もちろん「担架しかない」という場合もあるでしょう。この場合は担架の持ち手の交代要員を同行させるとか、担架の持ち手の肩に「ショルダーベルト」を掛けて、そのベルトで担架の取っ手を支え、腕の負担を軽くするなどの工夫が必要です。あらかじめ担架とセットで準備しておくことがお勧めです。

是非、機会を見て実際にやってみてください。「分かっている」のと「できる」のとは違います。本番で役に立つのは「実践を繰り返して体で覚えたこと」ですよ。

話のコツ

言いたいことを全部は言わない

人前で話すときなど、言いたいことを全て言わないと気が済まない人っていますよね。本人に悪気はありません。懇切丁寧に説明しているつもりなのです。

でも聞き手にしてみれば「くどい」のです。そのためにかえって、本当に言いたいエキスの部分がきちんと伝わらないのです。

できるだけ簡潔に、少ない言葉で表現することを心掛けてください。すっきりと分かりやすい言い回しができるようになりますよ。

日本には短歌や俳句の文化がありますよね。「いかに少ない言葉で感動を与える表現をするか」ということです。

言葉での表現には限りません。似顔絵で有名なイラストレーターの山藤章二さんがこんなことを言っています。

「説明的なことを省き、語り過ぎないこと。その方が爽やかだし、描き切らない方が、見た人が補ってくれ、より鮮やかに伝わるのです」

14 水は昔の流れを覚えている

ポイント

- 集中豪雨に襲われたことがある地域は、再び襲われることを想定すべき
- 事前に気象情報を把握し、場合によっては「勇気ある撤退」を

皆さんは「ワジ」という言葉を御存じですか。アフリカや中近東などの砂漠や乾燥地にある、水の流れていない川のことです。

普段は干上がっているために水がありませんが、雨期の一時的な豪雨のときにだけ水が現れるのです。このときの水は必ず過去に流れたとおりに、すなわち見た目には高低差がはっきりしなくても、必ず「ワジ」をたどって流れるため、現地では「水は昔の流れを覚えている」と言い伝えられています。

水が流れていない時期の「ワジ」は交通路として打って付けで、地域の住民によく利用されていますが、雨期になって上流の地域で大雨が降ると、その地域には雨が降っていなくても、突然「ワジ」に鉄砲水が流れてきます。このため、サウジアラビアでは毎年死者が出ているのだそうです。

日本に「ワジ」はありませんが、日本でいえば、さしずめ集中豪雨でいきなり増水する山あいの中小河川がこれに相当するでしょう。集中豪雨は近年急に増えています。気象庁の記録によると、１時間雨量が50㎜以上の豪雨の回数は、以前は10年間に１５０回ほどだったのが、最近の10年間では２００回を超えているそうです。

集中豪雨のメカニズムですが、普通の雨雲ではなく入道雲などの垂直方向に大きく発達した雲によって引き起こされます。このような雨は昔から「夕立」といわれ、大抵は急に降り出したかと思うとすぐにやみますよね。ところが一定の気象条件の下では、この入道雲が次から次へと発生し、同じ地域を通過するのです。このため通常なら

すぐにやむはずの豪雨がいつまでも降り続き、大きな被害をもたらすのです。

これらの集中豪雨は、条件がそろえば過去に発生した地域を再び襲うことが考えられます。「台風銀座」という言葉があるように、地域が同じなら地形や気象条件も同じです。一度襲われた地域は、再び襲われるリスクを想定して対策を講じるべきでしょう。

「ワジ」の場合と同様に、不安定な天候時に鉄砲水の危険がある山あいでの川遊びや釣りなどのレジャーを予定しているときは、特に慎重な対応が必要です。

このような場合での注意事項として、気象庁では次のように呼び掛けています。

まず、前日には、必ず行動予定地域の気象情報を確認し「大気の状態が不安定」とか「天候が急変するおそれがある」との情報があれば、急な増水に備えた避難方法を検討しておきます。

次に、行動の直前や行動を開始してからも、常に気象情報を把握し「警報」や「注意報」の発表があれば、躊躇(ちゅうちょ)なく計画を変更又は中止します。

いずれにしても「勇気ある撤退」を決断できるかどうかが、生死を分ける重要なカギになりますよ。

話のコツ

自信を持ちましょう

「自信を持ちましょう」といわれて自信が持てるのなら、苦労はしませんよね。ここでいう「自信」とは、「上手に話ができる自信」のことではありません。消防職員としての自信のことです。

私たちは「消防職員（私はもう現役ではありませんが……)」です。消防のプロです。専門家なのですから、消防関係の知識や技術についてなら講話の聞き手の方々よりも詳しいですよね。消防関係のことなら「自信を持って」話せます。その意味での「自信」です。

言い換えれば、話す技術の完成度はまだまだでも、この題材、この内容なら興味を持ってもらえるはず。そのような「自信」といってもいいでしょう。

イチゴ農家の方に「甘くておいしいイチゴの作り方」を話してもらえば、たとえ朴とつな語り口だとしても興味深い話が聞けますよね。

日夜、火災や救急事象と向き合っている消防職員だからこそ、できる話があるのです。

ただし、専門家だからといって、決してそれをひけらかさないでください。途端に聞き手の反応が悪くなります。よく知っていることでも「分かりやすく心を込めて」です。

15　女性の方がリスクに敏感

ポイント

- 女性の方が男性よりもリスクの認識が高い傾向が強い
- 災害時には女性のリスク感覚に従った方が生き延びられる可能性が高い

過去の災害の犠牲者を男女別に見ると、災害の種別にかかわらず男性の方が死亡する確率が高いことが分かります。これは、男性の方が「リスクの高い行動」をとることが多いためではないかと思われます。

女性は自分自身や家族を危険にさらそうとはしません。災難が降りかからないうちに安全な場所に避難しようとします。また、リスクの認識について、これまでのいくつかの調査結果によると、女性の方が男性よりも心配する傾向が強いことが分かっています。

「心配だわ」と言う女性に対し、男性は「大丈夫だよ」と答えるのです。

皆さんのお宅ではいかがですか。

東日本大震災の犠牲者は、年齢別に見ると圧倒的に高齢者の割合が高かったのですが、これを男女別に見ると、数としては女性の方が多くなっています。ところが高齢者は、もともと女性の割合が高いので男女それぞれの人口に対する犠牲者の割合という見方をすると、男性の方が高い率になります。

男性が犠牲になった状況を見ると、押し寄せる津波の中を車で逃げようとして車ごと流されたとか、何度か襲ってきた津波の合間に自宅に戻ろうとしてのみ込まれたという「リスクの高い行動」によるものが多かったようです。

地震や津波に限ったことではありません。

台風や集中豪雨で行政から「避難指示」が出された場合でも「これまでも大丈夫だったから」と逃げようとしない人は圧倒的に男性に多いのです。ま

た、増水した川の様子や、港に船の様子を見に行って犠牲になる男性が後を絶たないのは、毎回ニュースで伝えられるとおりです。

台風のときに、老夫婦の間で交わされる「お父さん、危ないから行かないでくださいね」「なあに、ちょっと様子を見てくるだけだ……、すぐ戻るから」という会話が聞こえてきそうですよね。

火災による死者の男女比率にも同じ傾向が見られます。

平成28（２０１６）年中の全国の統計を見ると、どの年齢層でも男性の犠牲者数が女性のそれを上回っています。

このような数々の実際のデータから、女性の方が「あらゆる災害のリスクに敏感である」と言わざるを得ません。皆さんのご家庭での夫婦の力関係は、私には全く分かりませんが、少なくとも災害のときには「女性の敏感なリスク感覚」に従った方が生き延びる確率が高いといえそうですよ。

話のコツ

スタッフの紹介

訓練のインストラクターは、一人で担当するとは限りませんよね。むしろ何人かで分担して受け持つ場合の方が多いのではないでしょうか。

メインのインストラクターであるあなたが、ほかの担当者を紹介することもあるでしょう。そんなとき、ただ「ＡＥＤの使い方の展示をしてくれる松本さんです」では芸がありません。一言、付け加えましょう。以前に取り上げた、自己紹介の要領と同じです。「……松本さんです」の後に、「彼は怖そうに見えますが、家庭では優しーいパパさんなのです」。

また、避難訓練を担当する佐藤副士長を紹介する際、「彼は優しい顔をしていますが、救助隊員のコンクールの全国大会で入賞したことのあるツワモノなのですよ」などの一言を付け加えてください。

この一言で、参加者の姿勢が前向きになります。

インストラクターとしても、とてもやりやすくなりますよね。

第5章 事故

1　全ての事故は人災―事故防止における管理者の役割―

ポイント

- 管理監督者が現場の実態を把握していれば事故は防げる
- 現場での事故の芽を見つけ、悪しき習慣があれば変えるのも管理監督者の役目

平成23（2011）年1月、東京都文京区の東京ドームシティアトラクションズ（遊園地）で、走行中のコースターから男性客が転落し、死亡するという事故が発生しました。

警察の調べに対し、安全確認を担当したアルバイトの女性は「口頭でロックするように伝えたが、手で押し込んでの確認はしなかった。ロックバーはきちんと降りているように見えた」と供述しているとのことでした。

このアルバイトの女性はこのときだけ、このようないい加減な安全確認をしたのでしょうか。そうは思えません。「忙しいときに限って」ということはあるにせよ、恒常的に行われていたと思う方が自然でしょう。

また、管理監督する立場にあった者は、この実態を全く知らなかったのでしょうか。

知っていて知らん振りをしていたとすれば責任は重大ですが、たとえ知らなかったとしても、管理監督責任を果たしていなかったと言わざるを得ません。管理監督者が末端の現場の実態を十分に把握していれば防ぐことのできた事故であったといえます。

実はこのことは、全ての事故、不祥事に共通していえるのです。

現場をよく見れば事故を起こす「兆候」が必ず見つかったはずなのです。

過去に新聞紙上で取り上げられた賞味期限の不正表示、産地の虚偽記載、検査結果の虚偽報告などなど……会社ぐるみで行っていたものは論外ですが、全ては危機管理意識を持った管理監督者が、現場をきちんと把握してい

れば防ぐことができたものです。

これができなかったために会社が存続できなくなった例も枚挙にいとまがありません。

食品メーカーや販売店に限りません。顧客や取引先との大きなトラブルなども普段の現場における接客対応、書類の作成、処理や報告の精度……これらをよく見れば、隠れている「事故の芽」が見つかるはずです。

職場というものは90％以上習慣で動いているといわれています。そしてその習慣を変えるためには大きなエネルギーが必要です。もし職場に「担当者に任せきりで十分にチェックができていない」といった悪しき習慣があるとすれば、それを変えるエネルギーを持っているのはトップ若しくは管理監督者だけです。

法令で追及される以上に、事故防止における管理監督責任は大きいと言わざるを得ません。

全ての事故を「他山の石」にして、身の回りを再確認してみてください。

語尾にバリエーションを

文章を読むときに同じ語尾の文章が続いていると、読みづらいものです。

例えば「………です」「………です」「………です」と同じ語尾の文章が３度も繰り返されると、何だか単調で引き込まれませんよね。

そのつもりでチェックしてみると、本でも新聞記事でも読みやすい文章は、必ず語尾が一辺倒ではありません。

話し言葉の場合も同じことです。

「………です」の次は「………ですよね」とか「………だと思いませんか」というように変化を付けると聞きやすくなりますし、聞いていて退屈しません。同じことを話していても説得力が違ってくるのです。

この差は大きいですよ。

よく聞いてくれている人がいると話し手は気分が乗ってきます。そうなると聞き手はますます引き込まれて、さらに大勢の人が熱心に聞いてくれます。

「語尾にバリエーションを」この一工夫が隠し味になるのです。

2　コンディション管理とチームワーク

ポイント

- 管理者が部下の問題を把握することが事故の未然防止につながる
- チームの信頼関係がうまくいっていないと、事故の原因となることがある

人間は体の具合が悪かったり、心配事があったり又はチームの人間関係がうまくいっていなかったりすると判断ミスを犯しがちですよね。航空機の事故の場合も同じことがいえるのです。

事故を起こしたパイロットの生活上の背景を調べたデータがあるのですが、それによると子どもや配偶者の病気又は夫婦の仲、自分の処遇など日常生活の大きな心配事が事故の発生に影響しているといいます。

「心配事を抱えている者は全て、重要な任務に就かせない」というわけにはいかないでしょうが、少なくとも管理者は部下の抱えている心配事を把握し、その影響を考慮した任務付与を心掛けることが事故の未然防止につながるものと思われます。

もう一つはチームワークです。客室乗務員は普段はお客様のお世話をしていますが、いざ緊急事態発生の場合は、果敢にその職責を果たしてくれる心強い専門家でもあります。したがって機長にとって客室乗務員との意思の疎通は、最も大切なものの一つです。

このチームワークがうまく機能しなかったために発生した事故例を紹介しましょう。

平成４（１９９２）年、カナダの飛行場を離陸した旅客機が、翼の一部に張り付いた氷のために、機体をコントロールすることができなくなり墜落しました。

客室乗務員は急な冷え込みで、翼の一部に氷が付き始めていることに気付いていたのに、そのことを機長に知らせなかったのです。

では、なぜそうなってしまったのでしょうか。

実は事故の一月前に、チームの間でこんなやりとりがあったのです。客室乗務員の「離陸までどのくらい待つのですか」という問い掛けに、機長は「そんなこと分かるか、5番目の離陸だ」と答えました。

そして次のフライトで機長の「最後のお客様はまだかね」という問い掛けに客室乗務員は「まだだからドアを開けているのです」と答えたそうです。

チームの信頼関係が確立していると、事はとても手際よく運びます。そういうときには操縦室と客室とがドアで隔てられていることさえも気にならないほどだといいます。

ところがチームの雰囲気が一度こじれてマイナスに転ずると、なかなかプラスには戻せません。大きな事故はこのようなチームを狙い撃ちにするのです。

参考文献：桑野偕紀、前田荘六、塚原利夫『機長の危機管理』講談社

論文は冒頭の３行で決まる

「昇任試験の論文は、冒頭の３行で決まる」といわれています。

冒頭の３行で読み手（採点者）を引き付けることができるかどうかで、合否が決まるということです。

話をする場合も同じことです。

「始まりによって、その後の話を熱心に聞いてもらえるかどうかが決まる」といっても過言ではありません。

聞き手は皆「この人はどんな話をするのだろうか」と話し手に注目しているのです。自己紹介であれ、その日のお天気のことであれ、目一杯心を込めて、愛想良く口を切ってください。

聞き手に「なんだかおもしろそうだな」と感じてもらえれば、もうしめたものです。もともと関心を持ってもらえそうな「タネ」がそろっているのですから、後は流れに任せておけば大丈夫です。

口切りは「心を込めて、愛想良く」ですよ。

3　ツアー事故が後を絶ちません

ポイント

- 価格競争のため、安全性がないがしろにされたツアーで相次いで事故が起こった
- 利用者として安全性の確保を選択の最重要項目にすべき

平成28（2016）年1月15日深夜、長野県軽井沢町でスキーツアーの乗客・乗員の計15名が死亡する交通事故がありましたよね。

事故は、バスがガードレールを突き破って転落したもので、大型バスの運転に不慣れな運転手がスピードを出し過ぎたため、コントロールを失ったのが原因ではないかといわれています。この事故以前にもバスの事故は数多く発生しています。

また、平成21（2009）年には北海道のトムラウシ山で、ツアー登山の参加者8名が死亡する遭難事故も発生しました。

このようにツアーに伴う事故が後を絶ちません。なぜなのでしょうか。

まず背景にあるのが、ツアーの魅力でしょう。以前なら一部の専門家の領域だったスポーツや探検でさえ、ツアーに参加すれば簡単に体験できるのです。スキーやクルージングはもちろんですが、ヒマラヤやアルプスでの登山、南極やアマゾンでの探検、ケニアの大草原での気球による空からの観光でさえも、お金さえ払えば専門のインストラクターが付いてくれ、特別な訓練なしで体験できるのです。

この需要が大きくなればなるほど、これに応えようとする業者が増え、業者が増えれば当然、競争は熾烈(しれつ)になります。

業者が商品、つまりツアーを組む際に念頭に置くことは何でしょうか。本来であれば、第一に「安全性」のはずです。しかし、客が似たようなツアーから選ぶ際の決め手となるのは「価格の安さ」ではないでしょうか。皆さんはいかがですか。「安全性」は目に見えません。他の業者との競争に勝つた

め、言い換えればコスト追求の前に「安全性の確保は置き去りにされる」のです。

電化製品などの工業製品は、安全性に厳しい審査があり、これをクリアしないと商品として市場に出すことはできません。ところがツアーにおける安全性については、いちいち審査されているわけではありません。バスツアーでいえば、車両の整備状況、運転手の健康状態、走行距離、速度、休憩の時間や回数等、いろいろと「決まり」はあっても、それらがきちんと守られているかどうかのチェックはおざなりです。

安全性を重視するのであれば、「業者の安全性への取組み」を「目に見えるもの」にし、これらをしっかり守らせるための法令的な仕組みが不可欠です。また、利用者としても、「安全性の確保」を「ツアー選択の最重要基準にする」という姿勢が必要だと思います。

ツアーもチラシ広告の商品も「格安の商品には訳がある」と思った方がよいでしょう。

話のコツ

擬音語の活用

「擬音語」を御存じですか。

「バタン」とか「ジャー」とか「ドッスーン」など、音を文字で表したものです。

この擬音語を上手に使うと、話の臨場感が増しますよ。

例えばレース場を疾走するレーシングカーを表現する場合に、「見えたと思ったら、ものすごいスピードで走り去った」と、「見えたと思ったら、ヒューーーンと走り去った」とでは、どちらが聞いていて臨場感を感じますか。後者ですよね。

「滑って勢いよく転んでしまいました」より、「滑ってドッスーーーンと転んでしまいました」の方がリアルです。

さらには「ヒューーーン」では首を右から左に振り、「ドッスーーーン」では両手を広げて転ぶ様子を表現すると完璧です。

実はこの擬音語、落語ではよく使われているのです。噺家の名調子に引き込まれるのは、この「擬音語」の効果かもしれませんね。

4　酔泳禁止

ポイント

- 海や川での水難事故による被害者は、意外と多い
- 水辺のレジャーでは事前の準備と注意の有無が生死の分かれ目になる

皆さんは、海や川での水難事故がどのくらい発生しているのか御存じですか。

警察庁の統計によると、平成29（２０１７）年には１３４１件発生しています。このうち死者又は行方不明者は６７９名です。同じ年の火災による死者は、総務省消防庁の統計によると１１４０名ですので、これに比べると６７９名というのは意外に多いと思われませんか。決して侮れない数字ですよね。

発生時期は、7月から8月の間が多く、約38%がこの時期に発生しています。

発生場所は、海が56・6%で、河川が25・6%となっています。

事故に遭ったときに何をしていたのかというと、最も多いのが魚釣り、次に水遊びと続きますが、中学生以下の子どもに限っていえば水遊びが46%を占めています。
では、事故に遭わないためにはどんな準備や注意が必要なのでしょうか。
まず釣りやボートでは、
・ライフジャケットを必ず着用しましょう。
・岩場や突堤での釣りの場合、海は穏やかにみえても、「一発波」といって1000回に1回は、とてつもなく大きな波が来るといわれているので、気を付けます。
次に水泳では、
・遊泳区域以外では泳いではいけません。
・特にお酒を飲んだ後は決して水に入ってはいけません。
酔った勢いで「泳ごうぜ」などと言って水に入るのは自殺行為です。
ましてや、ひいきのチームが勝った

からといって、川に飛び込むのは言語道断です。

そのほかにも

・海藻の茂っているところは足を取られるので近づかないようにしましょう。

水辺で子どもを遊ばせるときは、

・決して一人で遊ばせてはいけません。

・ついている大人は、ひと時も子どもから目を離さないでください。

特に川の場合は、

・岩場が多く滑りやすい

・急に深くなる

・流れがいきなり変わる

・わずかに深くなるだけで急に冷たくなる

といった危険があるので注意が必要です。

もし水に落ちてしまったなら、泳げる人でも衣服を着ている状態では、体が思うように動きません。また、大声を出すと肺の空気が失われて体が沈みます。

慌てずにじっと体を浮かせてチャンスをうかがってください。

ちょっとした準備と注意の有無が生死の分かれ目になりますよ。

当意即妙

講話の最中に、
「ふーん、そうなの」とか、
「えーっ、怖いね」というような反応を耳にしたら、
「そうなんですよ」とか、
「怖いでしょう」と、すかさず返してあげましょう。

つぶやいた本人はもとより、聞いている皆さんが喜んでくれます。

会場の一体感が生まれるのです。

でもこのような対応は、話し手に余裕がないとなかなかできません。

「間違えないように……、落ちがないように……」と一生懸命なうちは、難しいかもしれませんが、同じ話を何度か繰り返しているうちにできるようになります。

「聞き手の反応を確かめながら……」という余裕が生まれたら、是非心掛けてください。

想像以上の効果がありますよ。

5 暑さを甘く見てはいけません

ポイント

- 高齢者の増加などから、近年熱中症による死者が増えている
- 熱中症を甘く見ず、予防策を講じることが大切

最近、熱中症で倒れたり、亡くなる方が増えているとのニュースをよく耳にしますよね。

実際に厚生労働省の資料によると、最近10年間の熱中症による死者は年間の平均で831人と、それ以前の3倍に増えているのです。特に65歳以上のお年寄りが80％近くを占めています。

どうして昔に比べて増えているのでしょうか。

まず、超高齢社会の到来でお年寄りの割合が増えていることが挙げられます。

20年前は65歳以上のお年寄りの割合は人口の15％でしたが、今や27％を占めるまでになりました。平均的にはお年寄りの方が体力は劣りますよね。

次に、日本の住宅構造の変化です。

昔の日本の住宅は、夏向きに作られていました。

それがプライバシーその他の配慮から気密性の高い、熱のこもりやすい構造に変わってきました。そしてそのことと密接な関係があるのですが、エアコンがどの家庭でも普通に設置されるようになりました。現代人の多くは幼少の頃からエアコン付きの涼しい部屋で夏を過ごしているため、発汗機能の発達が不十分なのだそうです。つまり、暑さに弱いのです。

もう一つは最近の生活習慣です。

かつては屋外での作業にせよ、スポーツの練習にせよ、早朝の涼しい時間帯に済ませて、暑い日中は涼しいところでゆっくりと過ごすのが普通でした。ところが、以前に比べ熱中症への関心が高まっているとはいうものの、まだまだ屋内外での作業やスポーツの

練習のリスクについて認識が十分とはいえない状況にあります。

では、熱中症を予防するためには、どんなことに注意をすればよいのでしょうか。

まず、暑い時間帯は屋外での長時間の作業やスポーツの練習を避けること。次に、こまめに水分を補給することです。特にお年寄りは「渇き」の感覚が鈍くなっていますので、喉の渇きを感じなくても定期的に水分を補給することが大切です。また、屋外での作業やスポーツの練習を何日か休んだ後に再開する場合は、いきなり以前と同じように行ってはいけません。発汗機能を含めて体が慣れていないため、熱中症にかかりやすくなっています。少しずつ慣らしていきましょう。

最後に、熱中症になってしまった場合の処置ですが「様子がおかしいな」と思ったら、すぐに水分と塩分を補給して涼しい場所で休ませてください。特に「言葉がおかしい」とか「まっすぐに歩けない」、「けいれんする」などの症状があるときは、いち早く救急車を呼んでください。

決して甘く見ないでくださいね。命に関わりますよ。

鏡を見ましょう

一見して不機嫌そうに見えるのは、総じて女性より男性の方が圧倒的に多いといわれます。なぜでしょうか。女性は、一日のうちに何度か、鏡を見るからなのだそうです。

回数や時間に個人差はあるにせよ女性は、化粧のノリ、口紅の具合、髪のほつれ等々、日に何回か鏡を見てチェックしています。その都度、自分の表情も併せてチェックしているのです。眉間にしわを寄せていないか、口は「への字」になっていないか、目はしょんぼりしていないかと、「感じの良い表情」を作る努力をしています。

それに引き換え、男性はほとんど鏡を見ません。せいぜいひげをそるときくらいのものです。したがって、自分がいかに不機嫌そうな顔をしているかに気が付かないか又は無頓着なのです。時には鏡を見て自分の顔をチェックしてみましょう。眉間、口元、目元に注意して「感じの良い表情」を作ってみてください。随分と変わることに気が付きませんか。慣れると鏡を見なくてもチェックできるようになります。

「感じの良い表情」は、聞き手の印象からいえば「話の内容そのもの」と同じか、あるいはそれ以上に大切かもしれませんよ。

6 指定可燃物を御存じですか

ポイント

- 指定可燃物であるかんなくずが白熱電球の熱で燃える火災が発生した
- 器具の安全化が進む一方、火への警戒心がおろそかになりつつある

平成28（2016）年11月6日午後5時過ぎ、東京都新宿区の神宮外苑で行われていたイベント「東京デザインウィーク」の会場で火災が発生し、5歳の男の子が亡くなりました。

燃えたのはオブジェとして展示されていた木製のジャングルジムで、男の子はそのジャングルジムの中で遊んでいたのです。そのジャングルジムには大量のかんなくずが詰め込まれていて、照明用に取り付けられていた白熱電球の熱でかんなくずが燃え出したものとみられています。

この「かんなくず」が消防法上の指定可燃物なのです。では、指定可燃物とはどのような物なのでしょうか。ごく大雑把にいうと、「危険物ほどではないにせよ燃えやすい物で、大量に保管するような場合は、危険物と同様にいろいろと法的な制限を受ける物」ということになります。かんなくずのほか、木くず、ぼろ布、石炭などがこれに該当します。規制を受ける数量は、各地方の条例で定められていて、かんなくずの場合、東京都火災予防条例では４００kgとされています。今回の事故におけるかんなくずがどのくらいの量であったかは分かりませんが、量の多少はともかくとしても、かんなくずが燃えやすい物であることは間違いありません。また、この東京都火災予防条例には「指定可燃物は高温体との接触を避けること」ともあります。

一方の白熱電球ですが、実験によると、電球の表面温度は点灯10分後には１００℃を超えることが確認されています。

私が子どもの頃、電気あんか等はまだ普及しておらず、木製の円筒状のおりのような物の中に白熱電球を入れた

手製の物が、冬の就寝時の暖房器具として普通にみられたものです。防火安全上はやや問題があるかもしれませんが、「白熱電球は、それほどに熱を出す」ということなのです。縁日等で買ってきた「ひよこ」を飼う際にも、「ひよこの飼い方」という本には暖房用として金網で覆った白熱電球を使うように書かれていました。この場合も、白熱電球は照明用ではなく、熱源なのです。

また、この事故で残念なことは、このオブジェを作成、展示したのが、大学の建築学科の学生たちで、その監督、指導に当たったたのが、その大学の先生方だったということです。建築基準法に詳しいはずの学生や先生方が、言い換えれば建築防火の専門家たちが、「火災予防のイロハを分かっていなかった」ということになるのです。

でも、それは私たちにもいえるのかもしれません。昔に比べ、火災は少なくなりましたし、暖房器具や調理器具も安全で便利になりました。そのため今の若い人たちは、たき火はおろか、マッチを擦ることすらしなくなりました。その分、「火への警戒心がおろそかになってきている」ともいえるのではないでしょうか。

話のコツ

締めくくりの挨拶

講話にとって、題材が大切なことはいうまでもありません。

ただ、同じ題材でも話全体の構成によって、聞き手の印象は良くも悪くもなります。

聞き手に良い印象をもってもらう「コツ」の一つは、前にもお話ししたように講話の導入部、すなわち冒頭部分の工夫ですが、これに劣らず締めくくりも重要です。

例えば、本題の話が終わった後で、

「いかがでしたか？『○○の大切さ』がよくお分かりいただけましたでしょうか」

「私の話が、皆様とご家族の安全に少しでもお役に立てば、こんなにうれしいことはありません。ご清聴、ありがとうございました」と付け加えると、最後が締まります。

話し手の印象も、グッと良くなりますよ。

中学生や高校生だった頃の授業を思い出してください。同じ授業でも好きな先生の授業は記憶に残りましたよね。

講話も同じです。せっかくの良いお話なのですから、しっかり記憶に残して役立ててもらいましょう。

7　安全と安心

ポイント

- 「安全」はデータに基づく客観的なもの、「安心」は主観的なもの
- 人は「安心」を求め、リスクを意識しない状態でいたい傾向がある

「安全」と「安心」はセットで使われることの多い言葉ですが、それぞれの意味するところはかなり違っています。

「安全」は、行政や学者が正確なデータに基づき「このくらいのリスクなら大丈夫です」というお墨付きを与えるような客観的な状態であり、一方「安心」は科学的な根拠が乏しい、本人次第のあくまでも主観的な状態であるといえるでしょう。

ここに、ある実験結果があります。

６００人を救助する際に、次のどちらの対策を取るべきかを選んでもらう実験です。よく聞いてくださいね。

Ａの対策を取れば２００人の命が助かる。

Ｂの対策を取れば３分の１の確率で６００人の

命が助かるが、3分の2の確率で一人も助からない。

この場合、Aの対策が圧倒的に支持されました。

次に言い方を変えてみました。

Cの対策を取れば400人が確実に死ぬ。

Dの対策を取れば一人の死者も出さない確率が3分の1あるが、600人の死者が出る確率が3分の2ある。

今度はDの対策が圧倒的に支持されました。

ところがAとC、BとDは実は同じことを言っているのです。

AとCの違いは600人のうち「助かる」方を表現するか、「助からない」方を表現するかの違いだけなのですが、これほど印象が異なるのです。

食品添加物が入った食品を口にする

よりも、1本のたばこを口にする方ががんになる確率ははるかに高いのに、たばこを吸う人が添加物の入っていない食品を有り難がったりするのです。

つまり「安心」というのは客観性のない、極めて不確かなものなのです。にもかかわらず人々が「安心」を求めるのは科学的な根拠はなくても「リスクを意識しないで済む状態は心地よい」ということなのでしょう。

科学的な根拠のあるデータの公表に際し「いたずらに不安をあおるようなことは控えてほしい」という意見が出ることが多いのも、このためです。

言い換えれば、多くの人が「リスクをリスクとして受け入れる」よりも「リスクを知らないでいた方が良い」と感じているのです。でも災害情報に限って言えば「心配させたくないから伝えなかった」は「思いやり」とは感じません。皆さんはいかがでしょうか。

参考文献：芳賀　繁『事故がなくならない理由』ＰＨＰ研究所

ベストコンディション

体の調子が良いと、気持ちも明るくなりますよね。爽やかな笑みも自然にこぼれてきます。

話を聞いてもらう場面でも、ベストコンディションを心掛けましょう。何度か申し上げているように、話し手の第一印象はとても大切です。「明るさ」と「爽やかさ」を印象付けることができれば、これだけでもう「半分は成功した」といっても過言ではありません。

話をする前日から、体調管理に努めましょう。デビュー戦ともなればかなり緊張するでしょうが、適度な緊張はむしろ必要なのです。慣れてくれば「この緊張感がたまりません」と楽しめるようになりますよ。

ちなみに緊張を和らげようと、前の晩にお酒を飲みすぎるのはご法度です。

皆さんよく御存じのように、二日酔いの消防職員ほど恐ろしく見えるものはありません。

自分の緊張をほぐすつもりが、相手に恐怖感を与えることになっては何にもなりませんよね。

8 風呂場のアクシデント

ポイント

- 風呂場でのヒートショックによる死者数は、交通事故による死者数をはるかに上回る
- 冬は脱衣所と浴室を暖めておくといった対策が大切

救急車で扱う事故のうち、消防機関が「家庭内災害」と呼んでいるジャンルがあります。

これは家の中で発生する事故を指すもので、階段からの転落、台所でのやけどや切り傷、感電、子どもの誤飲などが含まれます。

この家庭内災害のうち最も死者の多いのが風呂場のアクシデントで、全国で年間1万9000人もの人が亡くなっています。これは交通事故による死者をはるかに上回るものです。

特にお年寄りの事故が多く、溺死は90％以上が65歳以上のお年寄りでした。

では、この風呂場のアクシデントとはどのようなもので、その発生メカニズムはどうなっているのでしょうか。

お風呂の脱衣場は、普通、暖房が入っていません。そのため冬は、リビングと比べかなり気温が低くなっています。そのような環境で裸になると寒さで交感神経が緊張し、末端の血管が収縮するため、血圧が急に高くなります。次にお湯に浸かって体が温まると血管が広がり、今度は血圧が下がります。特にお年寄りは血管の弾力性が低くなっているため血圧の上下の度合いが激しいのです。

ある実験では、入浴時に200近くまで上がった血圧が、体が温まったことによる血管の拡張のため、その後の12分間で140まで下がりました。この急激かつ大幅な血圧の降下が意識障害を引き起こします。つまり「気を失ってしまう」のです。

家庭の浴槽の多くは底が緩やかな曲線になっているため、意識がなくなると体は自重で水没してしまい、浴槽内

での溺死を招くことになるのです。

特に冬、お年寄りが温度の低い脱衣所で裸になり、震えながら熱い湯に飛び込んで歯を食いしばって我慢する。これは「好み」の問題ではなく、限りなく危険な自殺行為です。

では、どうすれば防げるのでしょうか。

まず、冬は入浴前に脱衣所と浴室を暖めておきましょう。脱衣所はストーブで、浴室は浴室乾燥機やシャワーでも暖めることができます。

また、お湯の温度は高くても40度以下の「ぬるめ」に設定し、ゆっくりと温まりましょう。でも長すぎるのはいけません。

さらに、家族の方はこまめに様子を伺い「少し長いな」と感じたら声をかけましょう。

ちょっとした対策で、事故に遭う確率を減らすことができるのです。

「防げる事故は防ぐ」ことを心掛けましょう。

話のコツ

良い声は良い姿勢から

ちょっと低めのよく通る声、羨ましいですよね。

でも「声は生まれつきのもの」と諦めていませんか。実は、声も訓練次第でかなり良くなるのです。

例えば「謡（うたい）」を趣味にしている人は、皆さん渋くて良い声を出しますよね。彼らは初めからあのような発声ができたわけではありません。訓練のたまものなのです。

だからといって、私たちはそのために「謡」を習い始めることはありませんが、「謡」の教えにある良い声を出すためのコツは、参考になりそうです。

その一つは「良い姿勢」です。

背筋を伸ばして、肩をやや後ろに引きます。それだけで効果があります。

ポイントは「腹腔が大きく膨らむような姿勢」です。バイオリンやギターでいえば胴体、つまり共鳴部を大きくすることによって、低めのよく響く声が出るのです。

これだけでいきなり美声に変わるとはいえませんが、何事も「初めの一歩」ですよ。

9 新鮮な食品でも食中毒を起こす？

ポイント

- 食中毒は腐敗とは違うため、新鮮な食品でも起こることがある
- 菌やウイルスを「付けない」「増やさない」「殺す」のが予防の三原則

覚えておられますか。

平成23（2011）年、国内の焼き肉店でユッケによる食中毒事件が続けて発生し、それをきっかけにレバー刺しなど生食用の肉の提供、販売が禁止されましたよね。

このことを伝える新聞記事に、ある焼き肉店経営者のコメントとして「うちではごく新鮮なレバーしか扱っていないから大丈夫なのに……」というものが紹介されていました。

では、新鮮な生肉なら食中毒を起こさないのでしょうか。

そんなことはありません。多くの人が勘違いをしているのですが、「食中毒」は「腐敗」とは違います。どんなに新鮮な食材でも食中毒を引き起こす可能性があるのです。食材が食中毒の原因となる細菌やウイルスに汚染されると、それらはあっという間に増殖します。そのような食材を生で食べれば食中毒になるのです。味や匂いには何の変化もありません。新鮮でおいしそうな顔をしているのです。

では、食中毒を予防するためには、どんなことに気を付ければ良いのでしょうか。

基本的には食中毒の原因となる菌やウイルスを「付けない」「増やさない」「殺す」。これが食中毒予防の3原則です。

「付けない」ためには

手や調理器具を清潔な状態で使用し、できればまな板や包丁は生もの専用のものを用意しておく。やむを得ず共用する場合は、他の食材に触れた手や調理器具は、生ものを調理する前に

必ず洗いましょう。

「増やさない」ためには

食材は常温で保存せず、すぐに冷蔵庫に入れます。ただし、冷蔵庫に入れても細菌はゆっくりと繁殖しますので過信は禁物です。また特に生で食べるものは、調理後時間をおかないで食べるようにしましょう。

「殺す」ためには

しっかりと加熱します。目安は75℃以上の温度で1分以上です。また使用した調理器具は、洗剤で洗ってから熱湯をかけて消毒しましょう。

これらの基本原則をしっかり守れば、食中毒は防ぐことができます。必要以上に怖がることはありません。

「きれい」より「清潔」を心掛けて、安全でおいしい食事を楽しんでください。

話のコツ

「頂きまーす」

テレビ番組の司会者をはじめ、その道のプロのトークを耳にするときに「おっ、これは使えそうだな」と思える言い回しがありますよね。「使える」と感じたら、積極的に頂いてしまいましょう。「人のまねなんて……」と躊躇（ちゅうちょ）する必要はありません。良いものは良いのです。

ある大手の化粧品メーカーは「良いものは積極的にまねをする」を会社のポリシーとして堂々と掲げているのだそうです。

はじめは聞き手や同僚に「あのお笑いタレントのまねだな」とか「うちの署長の言い方だな」と気付かれるかもしれませんが、気にすることはありません。何度も使っているうちに自分のものになってしまいます。

「使えそうな言い回し」を耳にしたら、面倒がらずにその都度メモを取っておくことをお勧めします。メモがたまれば、自分だけの「使える言い回し集」として貴重な資料になりますよ。

10 スズメバチにご注意ください

ポイント

- 事前に対策を行って遭遇しても刺激せず離れるなど、リスクを避ける
- 刺されたら適切な処置をして、心配なら遠慮なく救急車を呼ぶこと

毎年、秋の便りを聞く頃になると「スズメバチが子どもを襲った」などの物騒なニュースが日に留まりますよね。

中でもオオスズメバチは非常に獰猛で攻撃的です。太い針から注入される毒液は、人間でも命に関わるほど強力です。秋の繁殖期には特に攻撃的で、ミツバチなどの巣を集団で襲い、サナギや幼虫を奪い取ります。特に梅雨の時期に雨が少なかったり、猛暑が続いた年には、例年より多く発生するといわれています。

では、スズメバチに襲われないようにするにはどうしたらよいのでしょうか。

まず、外出するときは、黒い服を着ない、肌を出さない、甘い香りの香水や整髪料などを付けないことです。スズメバチは黒い色や甘い匂いが大好きです。スズメバチとお友達になりたい人以外は黒い服と甘い香りは避けてください。飴（あめ）やガムも、やめておいた方が無難です。

虫よけスプレーも効果があります。また刺されたときの用心のために、抗ヒスタミン軟膏を準備しておくと重宝します。

スズメバチの巣があることが分かったら、近づいてはいけません。石を投げるなど、もっての外です。

次にスズメバチに出会ってしまった場合ですが、手や持ち物で追い払わずに姿勢を低くして、その場からゆっくりと離れてください。走って逃げたら追い掛けてきますよ。攻撃するときの「カチカチ」という威嚇音が聞こえた場合は、特に気を付けましょう。

家の中に飛び込まれたら、窓を大きく開けて出ていくのを待ってくださ

い。スズメバチは明るい方へ向かう性質があります。

もしも刺されてしまったら、次の攻撃を避けるために、まずその場所から静かに離れましょう。そして刺された傷口を水で洗い流してください。口で吸い出すのは、毒液ですので危険です。次に刺されたところに虫刺され用の抗ヒスタミン軟膏を塗ります。アンモニア系の薬は全く効果がありません。「おしっこをかけるとよい」という人がいますが、全くの迷信です。きっぱりと断ってください。

前にも刺されたことのある人で、抗体ができている人もいます。そのような人は、アナフィラキシーショックといって、前のときよりかえって症状が重くなる場合がありますのでご注意ください。じんましんや、吐き気、しびれ、呼吸困難などのアレルギー症状が出る場合もあります。このような場合はもちろんですが、そうでない場合も心配なときは、遠慮なく救急車を呼んでください。

避けることのできるリスクは、きちんと避けて楽しいお出掛けにしましょう。

アクセル操作

日常の会話で、私たちは無意識に会話にスピードの変化を付けています。

「いいこと教えてあげるね」「い・い・こ・と」というように。

講話の場合も同じで、話すスピードに変化を付けると大切な部分を強調することができます。

例えば、「ソチオリンピック、フィギュアスケート男子シングルショートプログラムで、日本の羽生結弦選手はオリンピック史上初めて100点を超える101.45というスコアを叩き出しました」という話を伝える場合、「オリンピック史上……」からスピードを落とし、「101.45」で更にゆっくりと大きな声で話すのです。

こうすると同じスピードで話す場合よりも、「101.45という点数がいかに高い点数なのか」が伝わりますよね。

強調したい場合以外でも、会場の大きさや聞き手の人数によって話すスピードを変えると効果的です。会場が狭く少人数の場合は、やや早口に、会場が広く大人数で特にお年寄りが多い場合は、ややゆっくり話すと聞きやすいようです。

11 子どもの火遊び

ポイント

- 子どもの火遊びによる火災において、ライターが原因となることが多い
- ライターに子どもが操作しにくい機能が付いていても、安心は禁物

その昔、「火」は大変貴重なものであり、かつ神聖なものでした。しかし、時代が下り世の中が便利になるにつれ、ごく身近で気軽に扱えるものになりました。

その象徴ともいえるのが「使い捨てライター」でしょう。

ところが、この安価で便利な道具は、子どもにとってはワクワクするほど魅力的なおもちゃであり、同時に命をも奪う危険な凶器になるのです。

平成22（2010）年4月、北海道で駐車中の乗用車の車内から出火し、中にいた生後7か月から3歳の子ども4人が焼死するという大変痛ましい火災が発生しました。

子どもを連れて車で実家に寄った父親が、「よく眠っているから」と子どもを車内に置いたまま家に上り話し込んでいた間の出来事でした。

この火災の原因と考えられているのが、車内に放置された「使い捨てライター」です。目を覚ました子どもがライターに火をつけて遊んでいるうちに、車内に散乱したゴミなどに着火し、燃え広がったという見方がされています。

平成24（2012）年から平成28（2016）年までの5年間に東京消防庁管内で発生した、13歳以下の子どもの火遊びによる火災は353件あります。その発火源のなんと40％（134件）が「ライター」なのです。また、「ライター」を用いた火遊びは、年齢が高いほど多いことはいえますが、幼児の段階から多く発生しているのです。

このようなことから家庭では、次のことに気を配ってください。

・子どもは好奇心を持って、大人が

ライターをしまうところを見ています。絶対に手の届かない所に保管しましょう。

・小さな子どもだけを残しての外出は極力避けましょう。

・火に対して興味を示す時期には、火の大切さや怖さなど、火に関する正しい知識や取扱い方をきちんと教えましょう。

相次ぐ事故を受けて、「使い捨てライター」は、子どもが操作しにくいチャイルドレジスタンス機能付きのものでないと販売できなくなりました。この機能の付いているものは、アルファベットでＰＳＣと書かれたひし形のマークが付いています。皆さんのご自宅に、まだこのマークの付いていない古いタイプのライターがあるようでしたら、この際もったいないなどと言わずにすぐに処分しましょう。処分するときはガスを抜いて、地元の分別方法に従ってゴミとして出してください。またＰＳＣマークが付いているからといって、安心は禁物です。子どもは大人の操作をよく見ています。難しそうに思える操作も、なんなくやってのけるのは大人は御存じのとおりです。

子どもは自分では自分を守れません。大人が気を配るしかないのです。

話のコツ

業界用語を使わない

いろいろな業界に、その業界内部の人同士でしか通用しない「業界用語」というものがありますよね。単に略したものから、部外者にはチンプンカンプンな「符丁」のようなものまで様々です。

消防の世界にも、独特の用語や表現があります。消防職員同士の会話なら一向に差し支えないのですが、職員以外の人との会話で使うのは考え物です。

例を挙げれば、「大交替」や「覚知」、「怪煙偵察」や「真火災」、予防の分野では「立検」や消防設備の名称の「内栓」、「自火報」、「連送」などです。

これらの単語は仲間うちの会話でなら、むしろ普通の表現ですが、職員以外の人が耳にした場合は「……？」となってしまいます。

普段、何気なく使っている言葉だけに、つい口から出てしまいがちです。講話などあらたまった場では、一般的な表現に言い換えるよう心掛けてください。

12 赤ちゃんの誤飲事故

ポイント

- 赤ちゃんは好奇心いっぱいで、どんなものでも口に入れてしまう
- 大人が責任をもって注意し、もしもの場合は正しい処置をとること

少し昔の統計ですが、皆さんは、日本が「先進国の中で乳幼児の事故が最も多い国」ということを御存じでしたか。

あまりマスコミでは取り上げられませんが、日本では一歳児の死亡原因のトップは「不慮の事故」であり、そのほとんどが「誤飲事故」なのです。

では赤ちゃんは、どんな物を口に入れているのでしょうか。

最も多いのは「たばこ」ですが、そのほか「シール」「紙くず」「薬」「ボタン」「コイン」「おはじき」「ビー玉」などなど「こんな物まで？」と思うくらい、口に入る物なら何でも入れてしまいます。大きさも、トイレットペーパーの芯を通り抜けるくらいであれば飲み込むそうです。

赤ちゃんは好奇心でいっぱいです。目についた物は、まず手で握って、次に口に入れようとします。そうして形や味を確かめているのでしょう。ところが、私たちの家庭には赤ちゃんの手の届く所に、いろいろなものがありますよね。

一つの例を挙げると「お年寄りが食後に飲む薬」です。「これとこれは1錠ずつ、こちらは2錠」と食事の際に準備して食卓に並べている方がおられますよね。赤ちゃんにとっては大きさといい、色、形といい、格好の獲物なのです。まずは、これら赤ちゃんのターゲットになりそうな物を、赤ちゃんの手の届く所に置かないことです。

赤ちゃんは意外に知能犯です。大人が引き出しに何をしまったかを、ちゃんと見ています。テーブルクロスを

引っ張ると、載せてある物が落ちてくることもすぐに学習します。

では、口に入れてしまった場合の処置はどうすればよいのでしょうか。まだ飲み込んでいない段階なら、口の中から取り出してください。口の中を傷付けないように、そっと取り出します。

飲み込んでしまった場合は、飲み込んだ物によって処置が異なります。コインやボタンなど小さくて引っ掛かりのないものであれば、そう心配することはありません。そのうちウンチと一緒に出てきます。

ただ、たばこや強い薬、ボタン電池など赤ちゃんにとって強い作用を及ぼすもの、特に飲み込んだ後で変なせきをしていたり何度も吐いたりする場合は、すぐにお医者さんに連れて行く必要があります。場合によっては遠慮なく救急車を呼んでください。そのときは飲んだものが分かっていれば、そのサンプルや容器などを一緒に持っていきましょう。診断や処置の参考になります。

いずれにしても、赤ちゃんの事故は大人の責任です。しっかり守ってあげてください。

ボディーブロー

「必殺の決め台詞」このひと言で聞き手のハートは僕のもの。

こんな一言があればいいですよね。でも、ドラえもんのポケットでもなければ、そんな便利なものは出てきません。講話では一発の必殺パンチより、じわじわと効いてくるボディーブローを心掛けてください。

では、何がボディーブローになるのでしょうか。それは話し手の「伝えたいという思い」です。具体的には、その思いに裏打ちされた体験談とか事例などです。聴いてくれている人の安全のために「これだけは伝えておきたい」という強い思いです。それがあれば、必ず聞き手に効いてきます。必ずしも上手なスピーチである必要はありません。

結婚披露宴などのスピーチでも「上手なスピーチだったけれど、何を言いたいのか、よく分からなかった」と感じることがありますよね。逆に「スピーチとしてはあまり上手とは言えなかったけれど、涙を抑えきれなかった」ということがあります。

「これだけは伝えておきたい」という強い思いは、必ず聞き手に伝わります。ボディーブローのようにじわじわと効いてくるのです。決して必殺パンチは必要ありません。

13 カセットこんろを使いこなしましょう

ポイント

- 夏のアウトドアレジャーでのカセットこんろによる事故が増えている
- 事故事例から見えてくる注意点を頭に入れ、安全に使いこなそう

家族でのキャンプ、親しい人たちとのバーベキュー、お祭りでの模擬店、そんなとき重宝するのがカセットこんろですよね。

でも、カセットこんろによる事故が増えているのです。その半数以上が、夏のアウトドアレジャーで発生しています。

それはどんな事故なのでしょうか？　一番多いのが、ガスボンベが熱せられて爆発したもの、次がガスボンベから漏れたガスに火がついたものです。いくつかの実例を挙げてみましょう。

・こんろの上に大きな鉄板を載せて調理したため、熱くなった鉄板の放射熱でガスボンベが熱せられて爆発した。

・大きな鉄板の下に2つのこんろを置いて調理したため、放射熱でガスボンベが熱せられて爆発した。

・セラミックの魚焼き網で調理したところ、セラミックの放射熱でガスボンベが熱せられて爆発した。

・こんろで炭を起こしたところ、真っ赤に起きた炭の熱でガスボンベが熱せられて爆発した。

・風の影響を避けるため、こんろの周囲を段ボールで覆って使用していたところ段ボールに着火した。

・こんろに指定されているガスボンベと違うボンベを無理に装着、又は指定されているボンベではあったものの、きちんと装着しなかったため、漏れたガスに火がついた。

これらの実例を見ると、原因は主に3つ挙げられます。

原因1 こんろで熱せられた鉄板（セラミックや石綿の魚焼き網など、蓄熱して放射熱を発生する性質のもの）の放射熱によりガスボンベが熱せられて爆発した。

原因2 炭や練炭の火起こしなど、調理以外の用途に使用した。

原因3 ガスボンベをきちんと装着しなかった。

これらの原因から、事故を起こさないための注意点が見えてきますよね。

①使用する前に取扱説明書をよく確認すること。②こんろに載せる鉄板などの調理器具はガスボンベの上を覆わない程度の大きさのものにすること。鉄板の下に2つのこんろを置いてもいけません。③こんろを段ボール等で囲まないこと。④こんろで炭を起こさないこと。⑤こんろに合ったガスボンベを正しく装着すること。

せっかくの楽しいイベントです。事故で台なしにしないように心掛けてくださいね。

辞書を引きましょう

言いたいことを的確に表現するためには、表現したい内容に最もふさわしい言葉を選びたいと思いますよね。これには、まめに辞書を引くことが役に立ちます。

例えば「はっきりと……」と言う場合に、単に「はっきりと」なのか、それとも「明確に」の方が良いのか、はたまた「鮮明に」の方が、よりふさわしいのか。辞書を引くと「明確」は「はっきりしていて間違いのない」とあります。一方「鮮明」は「はっきりしていてよく分かる」とあります。微妙に違いますよね。こうすると「自分が表現したい内容には、こちらの方が良さそうだな」ということが見えてきます。

私たちが使い慣れている「防災」という言葉もある辞書では「天災を防ぐこと」とあります。火災はおろか、テロやＮＢＣ災害などの「人災を防ぐ」という場合には本来は使えないのです。

「この言葉で大丈夫かな」と、少しでも疑問が生じたら、おっくうがらずに辞書を引きましょう。習慣になってしまえば、決して面倒なことではありません。この一手間で、自分の意図する内容がきちんと伝わるようになりますよ。

著者略歴

池田和生（いけだ　かずお）

東京都出身。昭和51年東京消防庁へ入庁し、臨港消防署長等を歴任。退職後は公益財団法人東京防災救急協会の防火・防災管理講習の講師をはじめ、さまざまな所で講話を行ってきた。

すぐに使える！

消防・防災講話のタネ

―訓練しなけりゃカラスも飛べない―

平成30年10月10日　初 版 発 行
令和５年６月20日　初版５刷発行

著　者　池　田　和　生
発行者　星　沢　卓　也
発行所　東京法令出版株式会社

112-0002　東京都文京区小石川５丁目17番３号　03(5803)3304
534-0024　大阪市都島区東野田町１丁目17番12号　06(6355)5226
062-0902　札幌市豊平区豊平２条５丁目１番27号　011(822)8811
980-0012　仙台市青葉区錦町１丁目１番10号　022(216)5871
460-0003　名古屋市中区錦１丁目６番34号　052(218)5552
730-0005　広島市中区西白島町11番９号　082(212)0888
810-0011　福岡市中央区高砂２丁目13番22号　092(533)1588
380-8688　長野市南千歳町1005番地
〔営業〕TEL 026(224)5411　FAX 026(224)5419
〔編集〕TEL 026(224)5412　FAX 026(224)5439
https://www.tokyo-horei.co.jp/

ISBN978-4-8090-2525-9